LA RUSSIE

ET

L'ÉQUILIBRE EUROPÉEN

LA RUSSIE

ET

L'ÉQUILIBRE EUROPÉEN

DEUXIÈME ÉDITION.

AUGMENTÉE D'UNE PRÉFACE DE L'AUTEUR ET DE NOTES.

> What fates impose, that men must needs abide
> It boots not to resist both wind and tide.
> *King Edward*
>
> SHAKESPEARE.

———◆◇◆———

PARIS

LEDOYEN, ÉDITEUR-LIBRAIRE,

PALAIS ROYAL, GALERIE D'ORLÉANS, 31.

—

1854

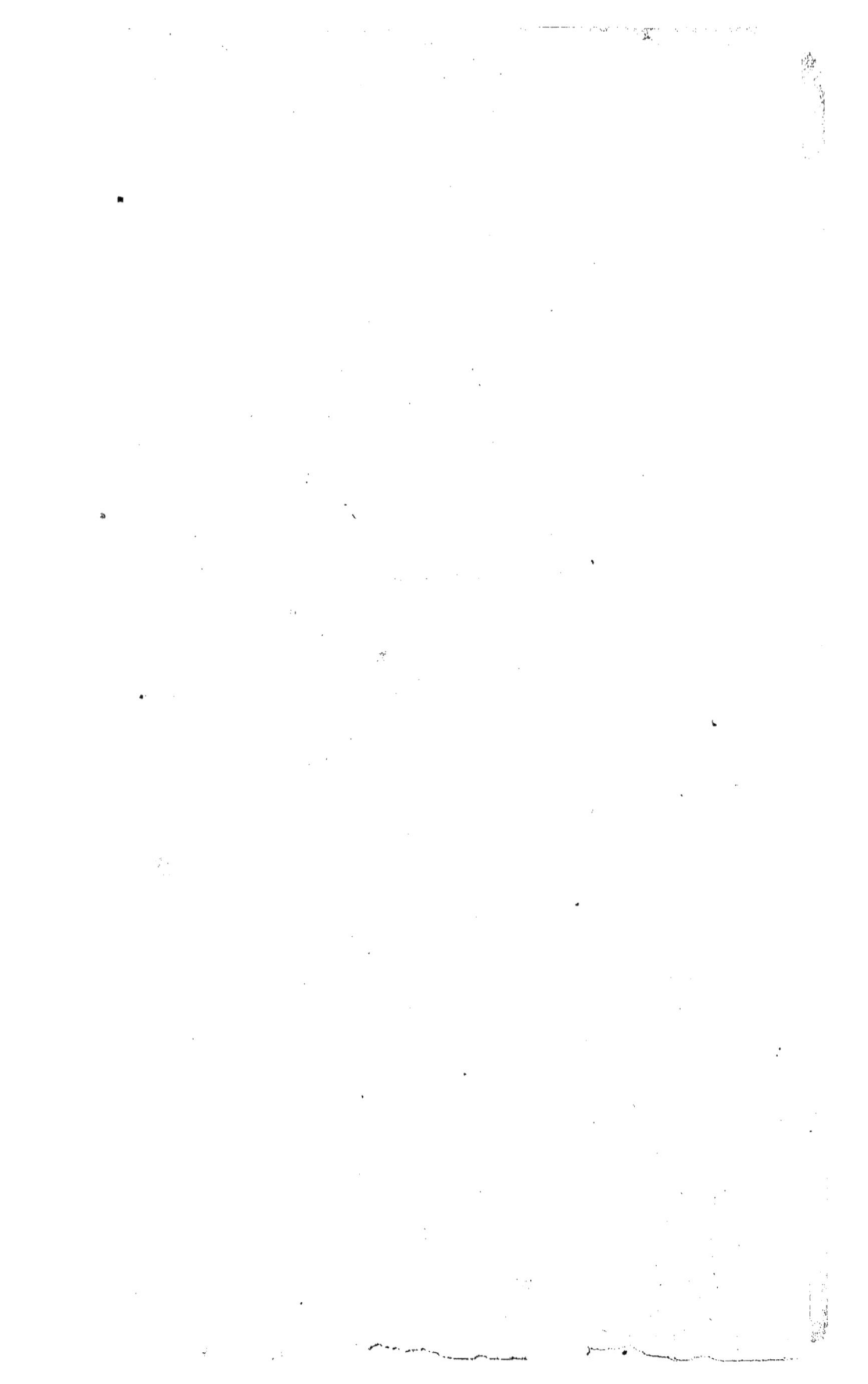

« Ces hommes d'État ont cru que la force valait mieux que
la politique, que le courage était au-dessus de la sagesse; ils
ont cru qu'il était au-dessous d'eux de réfléchir avant de se
décider pour les partis extrêmes, que la guerre était un plus
noble moyen de conserver ses droits que les négociations. »

D'HAUTERIVE.

De l'État de la France à la fin de l'an VIII.

PRÉFACE.

Ce n'est pas à coup sûr l'empressement des journaux qui nous fournit l'occasion d'offrir au public une seconde édition de notre travail sur *la Russie et l'Équilibre européen*.

Il paraîtrait que les œuvres dictées par

l'esprit de parti ont seules encore le privilége d'occuper la presse, et, si un certain
public, qui aime entendre traiter les questions à un point de vue plus élevé que les
rancunes, les injustices et les préjugés des
partis, n'avait pas pris notre travail sous son
patronage, il n'en serait peut-être pas sorti
un seul exemplaire du magasin de l'éditeur.

Nous sommes loin de prétendre que le
mérite de notre livre dût forcer les journaux
à s'en occuper; cependant, le mutisme de la
presse résulte cette fois d'une autre cause
que de l'insignifiance d'un ouvrage écrit
tout entier sous la dictée pour ainsi dire des
événements, de la situation.

Cette cause, c'est notre impartialité; c'est
d'avoir dit la vérité dans un moment où per-

.sonne dans la presse ne voulait l'entendre(1);
et tous se sont tus, parce que les uns n'auraient pas pu se laver du reproche de pali-

(1) Il ne suffit pas que la presse répète complaisam-
ment toutes les déclamations haineuses qu'un certain
parti débite depuis vingt-cinq ans contre la Russie, elle
ouvre encore ses colonnes aux prétendues révélations
d'individus dont le gouvernement russe a dédaigné les
flatteries, comme il a méprisé des menaces par lesquelles
on aurait voulu le contraindre à prodiguer des distinc-
tions honorifiques à des personnes que leurs antécédents
en rendaient d'ailleurs complètement indignes. Il nous
eût été facile d'accumuler des documents qui eussent
établi d'une manière irréfutable tout ce que les élucu-
brations de ces individus renferment de calomnieux,
mais il nous répugne d'entrer en lice contre des mou-
lins à vent. Nous nous contentons de choisir entre mille
pour la mettre sous les yeux des lecteurs, la lettre sui-
vante adressée de la Finlande à un personnage de dis-
tinction actuellement à Paris :

Helsingfors, le 24 décembre 1853.

« Merci, mon bon ami, des nouvelles si fréquentes que
vous nous donnez de votre voyage; celles qui se rapportent
au rétablissement de votre santé nous intéressent vivement ; mais celles sur la question d'Orient avec le récit
des innombrables brochures traitant ce sujet, ne font

nodie que nous leur adressions implicitement, et parce que les autres ne voulaient
pas admettre *aujourd'hui* des vérités qu'ils

qu'embrouiller nos idées si nettes et nos convictions si
arrêtées sur ce différend, que chacun explique chez vous
à sa façon et toujours d'après ses sympathies, ses intérêts,
sa vanité et son orgueil national, ou d'après les avantages personnels qu'il espère retirer de sa solution.

« Ici, nous ne sommes pas exposés aux tiraillements
de l'esprit de parti ni aux haineuses excitations des jour-
nalistes; nous jugeons la question avec le bon sens de
nos têtes calmes et ne nous laissons pas influencer par
les phrases tortueuses de la diplomatie ou de ses cory-
phées. En un mot, nos cœurs sont tout dévoués à la
cause des Chrétiens, que nous croyons juste, représentée
comme elle nous l'a été d'une manière aussi simple que
vraie par notre loyal et pieux souverain, et nous avons
une foi entière dans sa parole lorsqu'*il dit ne vouloir ni conquêtes nouvelles ni empiétements sur les droits souverains du
sultan*. Qui, mieux que nous du reste, sait par expérience
que l'empereur Nicolas reste fidèle à ses promesses. Depuis que notre pays a été réuni à son Empire, nous con-
servons notre religion, nos droits et nos privilèges, que
nous devons au respect qu'il voue à sa parole impériale;
aussi estimons-nous plus cette parole que les chartes et
les chiffons de papier sous forme de contrat, qui se jurent
et se déchirent constamment en Occident. Depuis vingt-

s'estimeraient heureux de proclamer *demain*.

Il va sans dire que nous n'entendons en rien blâmer la sage réserve des organes dont les

huit ans de son règne que nous jouissons sans contrainte et à une portée de canon de sa métropole, de cette religion et de ces lois si différentes cependant de la religion et des lois de l'empire de Russie, la foi en ses promesses a bien porté ses fruits parmi son peuple, et lui a acquis les cœurs de plus de deux millions d'habitants sur le boulevard septentrional de son empire. Nous sommes convaincus qu'il a dit vrai quand il a annoncé qu'*il tient son épée pour protéger les priviléges religieux de ses coreligionnaires*, et nous sommes indignés ici du manque de foi en cette parole que montre l'Europe occidentale ; indignés des paroles haineuses qui retentissent dans tous les organes de la presse contre celui qui, en 1848, a sauvé l'Europe en dissolution entre les tiraillements des démocrates, des socialistes et des républicains.

« Et maintenant, quand ce même souverain demande à son voisin, peu scrupuleux de sa parole, une garantie pour les droits de ses coreligionnaires en Orient, nous ne pouvons que nous affliger du spectacle étrange qu'offrent les gouvernements chrétiens de l'Europe occidentale en s'opposant, sous le masque de la crainte pour l'équilibre européen et sous l'insinuation perfide de défendre le faible contre le fort, en s'opposant, dis-je, à cette demande de garantie et en prenant fait et cause pour les infidèles.

commentaires sur un travail comme le nôtre,
auraient pu, sans doute à tort, avoir l'air
d'engager le gouvernement à l'étranger.

Etrange spectacle en vérité, qui donne un démenti écla-
rant à tous ces nobles et chevaleresques efforts des croisés,
leurs ancêtres, combattant pour le triomphe du Christianisme; étrange spectacle en effet, que nous offre ce siècle
sceptique et égoïste sans autres intérêts que ceux du commerce; sans autre but que la vanité de promener son pavillon dans la mer Noire pour faire valoir son poids dans
la balance européenne, et sans autre portée que de faire
triompher l'Islamisme aux dépens du Christianisme; car
c'est bien là le fond de la question actuelle, malgré toute
la peine que se donnent les hommes d'Etat de l'Occident
pour dénaturer la vérité.

« Nous nous demandons avec raison pourquoi l'Angleterre et la France ne se sont pas loyalement jointes à
l'empereur Nicolas dès le debut de la question pour traiter franchement et d'un commun accord avec lui afin
d'obtenir les garanties si justes, exigées par le prince
Menchikoff; mais, non, à ce mot de garantie, prononcé
à Constantinople (et ici je donne un démenti formel aux
anecdotes débitées sur la prétendue arrogance de ce
prince), à ce mot, dis-je, l'Angleterre croit le moment fa-
vorable pour faire souffler par les deux poumons d'un
vieux diplomate roué toute sa haine reconnue contre la
Russie, et cet homme se posant en fac-simile de sultan,

Placés en dehors de tout esprit de parti,
nous avons laissé à chaque situation sa cou-

dirige son souffle vénéneux sur le tison le plus inflam-
mable des Musulmans : les préceptes du Coran, la souveraineté du Sultan, l'indépendance de la nation turque, et
provoque ainsi, sans égard du respect manifesté par la
Russie elle-même pour ces reliques des Turcs, une excita-
tion fanatique, qu'il dirige ensuite au gré de l'ambition
de l'Albion. Il n'y a ni loyauté, ni bonne foi dans cette
conduite de son gouvernement, dans les conseils duquel
domine un autre vieux fat avec des passions libérales
dans la bouche, mais avec l'arbitraire, l'amour-propre et
la vanité dans l'âme. La question sagement dirigée par
un honnête homme se serait sans aucun doute arrangée
à l'amiable et sous fort peu de temps, car l'empereur
Nicolas ne se serait pas laissé surpasser en actes loyaux
et en bons procédés envers la Turquie par aucun ambassadeur de cette trompe.

« De notre coin retiré nous dépouillons la question
d'Orient du manteau trompeur dont on a affublé une
question toute simple : une question de religion, dans
laquelle le Sultan et son Empire eussent moins perdu à
céder aux justes réclamations de la Russie qu'ils ne per-
dront avec la résistance et la protection de ses alliés, car
en fin de cause, la garantie, nous n'en doutons pas, sera
obtenue, mais la Porte restera bouleversée et ruinée
avec des armées battues et une partie de sa flotte brûlée,
et ce sera encore, je le prévois, la générosité du Tzar qui

leur locale, à chaque personnage l'impor-

tance réelle de son rôle. Nous n'avons abaissé

viendra en aide au Sultan, puisque cette aide, quant à la partie matérielle au moins, lui a déjà été refusée par les capitalistes de Paris et de Londres.

« Aussi attendons-nous avec confiance et sécurité la solution de cette question, convaincus comme nous sommes que la bonne cause triomphera, malgré les intrigues qui poussent la flotte anglo-française vers Sébastopol et Cronstad. Nous sommes tout prêts à recevoir, après la débacle, les bouquets printaniers de grenades et de bombes de nos superbes débiteurs de calicot; ils pour ront nous faire du mal, mais jamais nous convaincre de leur bon droit, et par conséquent gagner nos sympathies. A nous paisibles habitants du Nord, religieux, tranquilles et fidèles à nos principes, ils nous apprendront au contraire à estimer à sa juste valeur leur civilisation si vantée, mais selon nous si corrompue, puisque nos cœurs droits et honnêtes ne reconnaissent la vraie civilisation que dans la pureté des mœurs, dans l'exercice des préceptes de la foi chrétienne et dans le respect pour une autorité établie.

« Voici, mon cher ami, notre manière de juger la question orientale que je vous communique d'après le désir que vous avez exprimé de connaître l'influence que produisent dans notre pays les menaces de l'Europe occidentale. »   Un Finlandais.

aucun nom pour en élever un autre sur le
pavois. Nous avons cru que la France pouvait être grande sans que la Russie fût hu-
miliée, qu'elle pouvait échapper au vêtement
de Nessus de l'alliance anglaise (1), sans être
mise au ban des peuples civilisés.

Tous les jours encore nous parcourons

(1) Nous croyons; devoir faire ici le curieux rapprochement avec ce travail, d'un passage du livre de M. L.
de Carné sur *Les Intérêts nouveaux en Europe depuis la ré-*
volution de 1830, PUBLIÉ EN 1838, passage qu'on dirait
écrit sous l'inspiration de la crise actuelle et qui em-
prunte à la date de sa publication une valeur pour ainsi
dire prophétique.

M. de Carné, en parlant des *Questions d'Orient et de la*
Pologne (t. II, p. 357), dit :

« Il est utile de rechercher la mission naturelle de la
France dans les prochains conflits rendus inévitables par
la situation du monde. Ces études sont d'une importance
d'autant plus actuelle, que les complications produites
par les affaires d'Orient, par exemple, présentent un
double danger. Outre qu'elles compromettent la paix
européenne, ce premier intérêt de tous , *elles sont de na-*
ture à engager graduellement la France hors des voies où la

attentivement les pièces nouvelles amonce-
lées par les journaux autour du procès de la
question d'Orient, et tous les jours les ténè-
bres deviennent plus opaques, le chaos plus

force des choses et ses intérêts mieux compris l'obligeraient
plus tard à rentrer.

« Un moment viendra, et peut-être est-il prochain, où
l'Angleterre, *pressée par les nécessités d'une situation toute*
différente de la nôtre, cédant aux clameurs de l'opinion, à
l'urgence de maintenir le système qui fait sa force en
Europe et sa sécurité en Asie, prétendra rendre l'alliance plus étroite et substituer les coups de canon aux
notes diplomatiques. *Si, à cet instant décisif, la France*
s'abandonnant à des sentiments irréfléchis, sortait d'une neu-
tralité qui la rendrait l'arbitre des nouvelles destinées du
monde ; si l'on parvenait à lui faire envisager une guerre
maritime avec la Russie du même œil que les lords de l'ami-
rauté, les négociants de la Cité et les actionnaires de la
Compagnie des Indes, et qu'elle ne comprît pas qu'il
est d'autres moyens d'assurer l'indépendance et l'équilibre
de l'Europe, que de bloquer à tout jamais la puissance russe
dans la mer Noire, alors le monde traverserait de violentes
crises ; il épuiserait son sang et ses trésors dans des luttes
acharnées, pour traiter après un demi-siècle sur des bases
que les esprits prévoyants peuvent assigner dès aujour-
d'hui.

vaste, et c'est vainement que nous cherchons la lumière ailleurs que dans les idées qui se dégagent comme d'elles-mêmes d'une appré- ciation calme des faits, et que nous avons consignées dans ce travail.

Il nous est, du reste, arrivé inopinément, depuis la publication de notre première édi- tion, un bien puissant auxiliaire, qui n'est autre que le dernier livre de M. Villemain (1), si diversement apprécié par les organes de la presse parisienne. Ce livre nous apporte, sous la forme la plus attrayante et revêtues d'un caractère de vérité incontestable, des paroles de l'Empereur Napoléon qui vont servir de commentaire à cette seconde édi- tion de notre travail.

(1) *Souvenirs contemporains d'histoire et de littérature.*

2

Nous savons bien que l'on objectera aux paroles de l'Empereur l'opposition de M. de Narbonne, à laquelle s'associe implicitement M. Villemain, comme le prétendent les journaux de l'opposition, qui l'en louent; mais avant d'attacher à cette opposition la moindre valeur, il eût fallu prouver que ces institutions parlementaires dont le livre de M. Villemain paraît devoir, selon quelques-uns, présenter la défense, ne mènent pas infailliblement à l'abîme auquel nous venons d'échapper par miracle, et que, avec l'instinct prophétique du génie, l'Empereur avait entrevu.

Nous éprouvons, du reste, dans notre appréciation des paroles de l'Empereur, rapportées par M. Villemain, la satisfaction de

pouvoir nous appuyer sur l'autorité si précieuse de M. de Sacy, disant dans *Les Débats:*
que le dernier livre de l'éloquent écrivain
fait mieux connaître et mieux aimer par des
épanchements intimes, cette grande figure
historique que ses contemporains et la pos-
térité se sont également plu à admirer.

On nous dira qu'il résulte du livre de
M. Villemain que l'Empereur n'avait fait la
campagne de Russie que pour ajourner une
invasion des Barbares. Nous laisserons de
côté une autre révélation du livre qui nous
apprend le projet de l'Empereur de descendre dans l'Inde par la Russie, comme il
avait à son début voulu le faire par l'Égypte;
nous laisserons de côté cette révélation, pour
ne nous occuper que de la prétendue invasion

des Barbares, que des succès prodigieux en Russie devaient ajourner.

Nous croyons avoir démontré dans notre travail que l'action civilisatrice de la Russie en Asie opposerait la digue la plus ferme à une pareille invasion, qui pourrait encore nous menacer du fond de cette Asie, d'où sont sortis les flots de la migration, lesquels montant sans cesse ont fini par submerger l'empire romain. Signalons encore ici, pour compléter la démonstration, un fait dont l'évidence n'échappera à personne. C'est que depuis l'avénement du Christianisme, le contraire se produit de ce que nous avons vu se manifester dans la civilisation païenne, qui s'écroulait sous la pression de la barbarie, tandis que depuis cet avénement c'est le

Christianisme qui conquiert la barbarie et y fait en quelque sorte irruption ; et ce n'est pas seulement de la barbarie que nous devrions parler, puisque nous voyons tout élément non chrétien absorbé par l'élément chrétien, témoin l'Islamisme repoussé de l'Espagne, comme il le sera un jour de la Turquie d'Europe, pour disparaître complétement comme ces races informes, que nous voyons s'anéantir d'elles-mêmes, devant les races plus parfaites de la création.

Nous n'hésitons du reste pas à dire que, si notre société minée par des sectes impies, comme celles dont nous avons retracé dans ce travail les funestes progrès en Allemagne, retournait à un état pire encore que le paganisme, nous n'hésitons pas à exprimer la conviction que, si un pareil malheur arrivait, cette société serait conquise par le peuple qui aurait conservé la foi chrétienne.

Aujourd'hui, soit ingratitude envers le présent, soit frivole oubli du passé, on ne veut plus se souvenir qu'en 1848, au milieu des orgies démagogiques, cette Russie aujourd'hui tant décriée (1) était l'objet de

(1) A une époque glorieuse de notre histoire, en 1802, nos publicistes, en parlant de nos ennemis d'alors, comprenaient autrement leur rôle, et leur langage contraste singulièrement avec celui de la presse de nos jours. Nous avons cité, dans le courant de notre travail, des passages sur la Russie empruntés à un ouvrage remarquable de M. d'Hauterive; le hasard nous a fait découvrir un autre livre aujourd'hui ignoré, malgré les renseignements précieux et les appréciations impartiales qu'il renferme. Nous croyons devoir faire précéder du titre *in extenso* les extraits que nous voulons en communiquer au lecteur : *Campagne des Austro-Russes en Italie, sous les ordres du maréchal Suworow, prince Italikski, général feld-*

bien des espérances ; on tournait les yeux
vers elle comme vers le port où la société
sur le point de faire naufrage trouverait

maréchal au service de Russie, contenant une notice sur
les armées russes ; la relation des batailles de Vérone,
de Cassano, de la Trebbia, de Novi et du siége de Man-
toue ; celle du passage du Saint-Gothard et de la bataille
de Zurich, avec un exposé des causes qui ont amené la
dissolution de la seconde coalition, et un portrait historique du maréchal de Suworow. A Paris, chez Giguet et
Michaud, rue des Bons-Enfants, n° 6, 1802 (an x), in-8.

Après être entré dans plusieurs particularités de la
vie privée de Suworow, l'auteur dit (page 318) : « Ces
détails paraîtront frivoles aux esprits superficiels, qui ne
manqueront pas de s'élever contre les prétendus ridi-
cules du héros russe. Ils répéteront sur son compte de
prétendues particularités, bien absurdes, bien triviales,
*imaginées par l'esprit de parti, et recueillies par des gaze-
tiers sans discernement.* Ces derniers ont souvent pré-
senté Suworow comme un saltimbanque ridicule et dé-
goûtant, affectant de se couvrir de haillons, n'ayant
pour toute garde-robe qu'un petit gilet blanc, des cu-
lottes blanches, des petites bottes ou brodequins et un
manteau ; ne portant jamais ni uniforme, ni aucune dé-
coration militaire ; toujours tête nue, en chemise et s'en-
vironnant pour ainsi dire d'une atmosphère de glace.
S'il est vrai que Suworow, comme tous les hommes vrai-

encore le salut. La Providence, dans sa
miséricorde, a permis qu'un homme surgît,
grand et populaire par le nom qu'il portait
et qui devait bientôt se révéler comme le
pilote providentiel du vaisseau de la France

ment grands, ait dédaigné le faste, les broderies, les
pierreries, et qu'endurci aux fatigues de la guerre, il
ait préféré dormir sur la dure et marcher tête nue
comme un soldat romain ; il est faux, d'un autre côté,
qu'il ait méprisé les convenances au point de ne se présenter sur le grand théâtre politique qu'en chemise et en
gilet. On l'a vu dans toutes les occasions d'éclat, notam-
ment en Italie, revêtir son grand uniforme, se parer de
toutes ses décorations, et se montrer dans la plus grande
tenue militaire que puisse déployer le feld-maréchal
d'un empereur. » L'auteur du livre que nous venons de
citer ne rend pas seulement la plus éclatante justice aux
vertus publiques et privées de Suworow, mais encore à
sa supériorité militaire, malgré la haine mortelle qu'il
portait aux révolutionnaires français, et malgré les
victoires remportées sur eux. Nous aurons, du reste,
l'occasion de revenir à l'excellent ouvrage de notre publiciste dans les notes qui accompagnent cette seconde
édition.

battu par la tempête (1). Et quelle solution
plus naturelle, plus simple, pourrait-on
trouver aux questions dangereuses dont la
situation universelle du monde est grosse,
sinon l'alliance de cet homme avec le
chef d'une nation qui a conservé sa foi et
qui représente par excellence la stabilité,
au milieu des fluctuations incessantes dans
lesquelles la démagogie a plongé l'Europe?
Princes et peuples le proclament ouvertement ou se le disent tout bas, il n'y a que
deux hommes en Europe sur le trône,
l'Empereur Nicolas et l'Empereur Louis-
Napoléon. Si nous méconnaissons ce que

(1) Nul mieux que lui ne nous rappelle les vers
d'Ennius :

Unus qui nobis cunctando restituit rem,
Non ponebat enim rumores ante salutem.

cette situation a de providentiel, nous paierons cher notre aveuglement.

Peut-on s'étonner que devant cette révélation à laquelle on cherche vainement à se refuser, nous voyons avec crainte, presqu'avec angoisse, s'écouler les instants précieux d'une pareille situation ? que nous voyons les jours, les mois, les années s'écouler dans les hypocrisies d'une alliance stérile qui ne laissera derrière elle aucune trace, aucun bienfait?

Chose étrange, on vient de chasser de France le parlementarisme, cet avorton dû à une imitation irréfléchie des institutions anglaises, et on continue les errements de sa politique, les sacrifices aux faux dieux, « aux idées fausses et aux discours violents des

chefs de l'opposition », absolument comme
sous le règne de Louis-Philippe, ainsi que
le disait avec tant de justesse il y a dix ans
M. de Girardin, adversaire aujourd'hui
on ne peut plus actif de tout ce qui sen-
tirait une concession aux prétentions légitimes d'un grand peuple arrivé à la conscience de sa mission (1) et qui éprouve un
généreux besoin de la remplir.

(1) Après un séjour de vingt mois dans le Levant, M. E.
Barrault a publié, en 1835, sous le titre : *Occident et
Orient*, une série d'Études politiques morales et religieuses, auxquelles nous empruntons les passages suivants :
« Chaque nation a sa voie, elle seule en est juge.
Lorsqu'on voit les classes populaires de la France et de
l'Angleterre, investies d'une élévation morale incompa-
rable, *poursuivre si péniblement leur chemin à travers les
inanités du libéralisme actuel,* ne doit-on pas espérer que
la Russie, profitant de tous les travaux accomplis sans
les recommencer, fera passer ses populations du servage
à l'association, en leur épargnant *ce désert où la liberté*

Hélas! oui, les déclamations insensées et les idées fausses ont survécu au parlementarisme qui leur avait donné naissance, qui

a conduit les peuples de la France et de l'Angleterre, ET NE SUFFIT POINT AVEC SA MANNE A LES RASSASIER?..... On se récrie contre l'usage que la Russie fera de sa force. Aussi longtemps qu'elle n'aura point le lot qu'elle ambitionne, elle tiendra l'Europe sur le qui-vive : *arrivée à ses fins, elle fera ce que fait tout peuple qui remue, menace, ébranle, jusqu'à ce qu'il se soit assis sur ses bases* NATU-RELLES, *et qui se recommence alors une autre destinée marquée de plus de modération*. Satisfait dans son vœu d'agrandissement, elle se trouve à l'instant même sollicitée à plus de tolérance pour le principe rival qu'elle redoutera moins, et à plus de sollicitude pour l'intérieur. Force lui sera alors de travailler à améliorer la condition de ses domaines immenses et de ses nombreuses populations, d'appliquer son habile diplomatie à gouverner tant de races diverses, et son activité à lier toutes les portions de l'empire par d'innombrables voies de communications, à multiplier ses produits et ses relations commerciales : chaque jour elle prendra un intérêt dans la paix, et elle déposera son attitude belliqueuse. Saint-Pétersbourg fut la déclaration du système qu'elle a pratiqué pendant un siècle. Constantinople serait inévitablement la déclaration d'un autre système : à savoir la transformation graduelle de la vie armée et conquérante en une vie industrielle et pacifique.

avait été pour elles un terrain si fécond ; et
pour l'observateur impartial il y a quelque
chose d'affligeant dans ce contraste de la
politique française à l'extérieur pratiquant
des sympathies pour les doctrines dangereuses des Palmerston, avec la politique
intérieure du Gouvernement français (1) si
ferme, si logique, et surtout si conforme
au rôle que la France doit providentielle-
ment remplir au dehors.

(1) Une année avant la révolution de février, un écrivain faisait le tableau du gouvernement actuel, croyant
tracer le portrait du gouvernement d'alors, dont 1848 devait si cruellement nous révéler les vices :

« Le meilleur gouvernement est celui qui tient un
compte sérieux de tous les éléments existant dans la société, qui appelle dans une fusion amicale tous les
principes rivaux, leur donne la place légitime qui leur
est due ; accepte et consacre la portion immortelle de
vérité que chacun d'eux renferme ; prend les avantages
de l'autocratie et laisse de côté les inconvénients ; prend

Nous disions tout-à-l'heure que la presse
avait gardé le silence sur notre travail. Il y
a une exception pourtant, et une exception
qui nous honore trop pour que nous ne
nous y arrêtions pas. M. Laurentie a bien
voulu consacrer deux articles dans l'*U-
nion* (1) à notre livre sur *la Russie et l'Equi-
libre européen.*

les avantages de la démocratie et laisse de côté les inconvénients ; *substituant ainsi à l'action violente et irrégulière
des partis , une direction ferme et modérée; employant
toutes les forces, n'en négligeant aucune, mais ne sacrifiant
à aucune l'ordre et l'intérêt général.* » (E. Paignon, *De la
sainteté des gouvernements et de la moralité des révolutions.*
1847, in-8, Amyot).

(1) Nos du 1er et du 6 janvier. Les journaux qui ont
une *Revue* (*Siècle*, *Assemblée nationale*, *Galignani's Messenger*) et qui ne pouvaient se passer de citer les articles
si remarquables de M. Laurentie, l'ont fait en évitant de
dire à quel propos ils étaient écrits. Le *Siècle*, avec son
édifiante bonne foi, a cité M. Capefigue comme l'auteur
de notre travail ; M. Capefigue que nous n'avons même
pas le plaisir de connaître. Le *Galignani's Messenger* ayant

L'éminent écrivain adopte au fond nos idées, et il s'y rangerait davantage encore si quelquefois il ne nous faisait pas dire des choses auxquelles nous n'avons certes pas pensé.

M. Laurentie prétend qu'il nous suffit de la France *telle que l'ont faite les révolutions*. Nous n'avons jamais rien dit ni pensé de pareil. Mais, nous écartant en cela, nous semble-t-il, de l'opinion de l'éminent publiciste, nous avons cru voir dans l'avénement de l'ordre de choses actuel, *un retour sage, courageux, de la France vers ses traditions;* et c'est à ce point de vue que nous pensons

lu et cité côte à côte le second article de M. Laurentie et un autre de l'*Assemblée nationale*, a trouvé bon d'y ajouter un commentaire où règne la plus plaisante confusion.

« que ce ne serait pas vainement qu'on la
« disputerait à lord Palmerston et aux par·
« tis qui exaltent sa politique (1). »

Nous ne pouvons comprendre en quoi
l'avénement de l'ordre de choses actuel est
une pierre d'achoppement, un danger, une
menace pour les idées d'unité religieuse pré-
conisées justement par M. Laurentie. Nous
ne trouverions en vérité de pareilles alléga-
tions à leur place que dans le langage que
l'ingratitude ou l'aveuglement dicte aux
partis.

Nous sommes d'autant plus pénétré de
l'efficacité de l'unité religieuse, que nous
avons reconnu en elle un lien tout puissant

(1) Paroles de M. Laurentie, article de l'*Union* du
6 janvier.

dans un état composé des éléments les plus divers : l'Autriche. Quand l'heure de midi ou quand l'Angelus sonne, les soldats sortent du corps de garde, et ces hommes des nations les plus diverses, Allemands, Hongrois, Slaves, Croates, Illyriens, Italiens, se recueillent dans une même pensée, ils fraternisent par la prière, et le drapeau sous lequel ils prient devient pour eux le véritable drapeau national.

On le voit, nous rendons pleinement justice aux vues de M. Laurentie, mais nous cherchons en vain dans ses articles des traces d'une politique pratique. Ainsi, supposons la France ramenée à une unité religieuse-catholique qui devienne le guide de sa politique; mais croyez-vous qu'elle puisse

3

du haut de cette unité, vaquer à la tâche de guérir l'Allemagne gangrenée?

M. Laurentie paraît dédaigner nos cita-tions allemandes. Nous le regrettons. L'Al-lemagne est le cœur de l'Europe, et l'Al-lemagne est malade, nous l'avons prouvé. Or, ce n'est pas la France qui pourra gué-rir l'Allemagne. C'est à l'Autriche que re-vient cette mission; à l'Autriche s'appuyant sur la Russie. A la France demeure réservé le rôle de dompter l'anarchie politique et religieuse, « depuis Lisbonne avec ses pe-tits partis de philosophes jusqu'à Turin avec ses imitations de notre libéralisme anti-prêtre (1). »

En cela encore nous partageons pleine-

(1) Article de Laurentie du 6 janvier.

ment la manière de voir de M. Laurentie, mais nous ne disons pas avec lui : A *demain* les affaires sérieuses, *aujourd'hui* ne nous convient pas. Pour nous l'Aujourd'hui est d'autant moins à négliger, que si cet Aujourd'hui (que nous espérons voir durer demain); que si cet Aujourd'hui se passait dans l'inaction, le pied de nos fils pourrait, si la Providence ne nous continuait pas sa miséricorde, glisser demain dans notre sang, non pas sur le champ de bataille, mais au pied de l'échafaud.

I

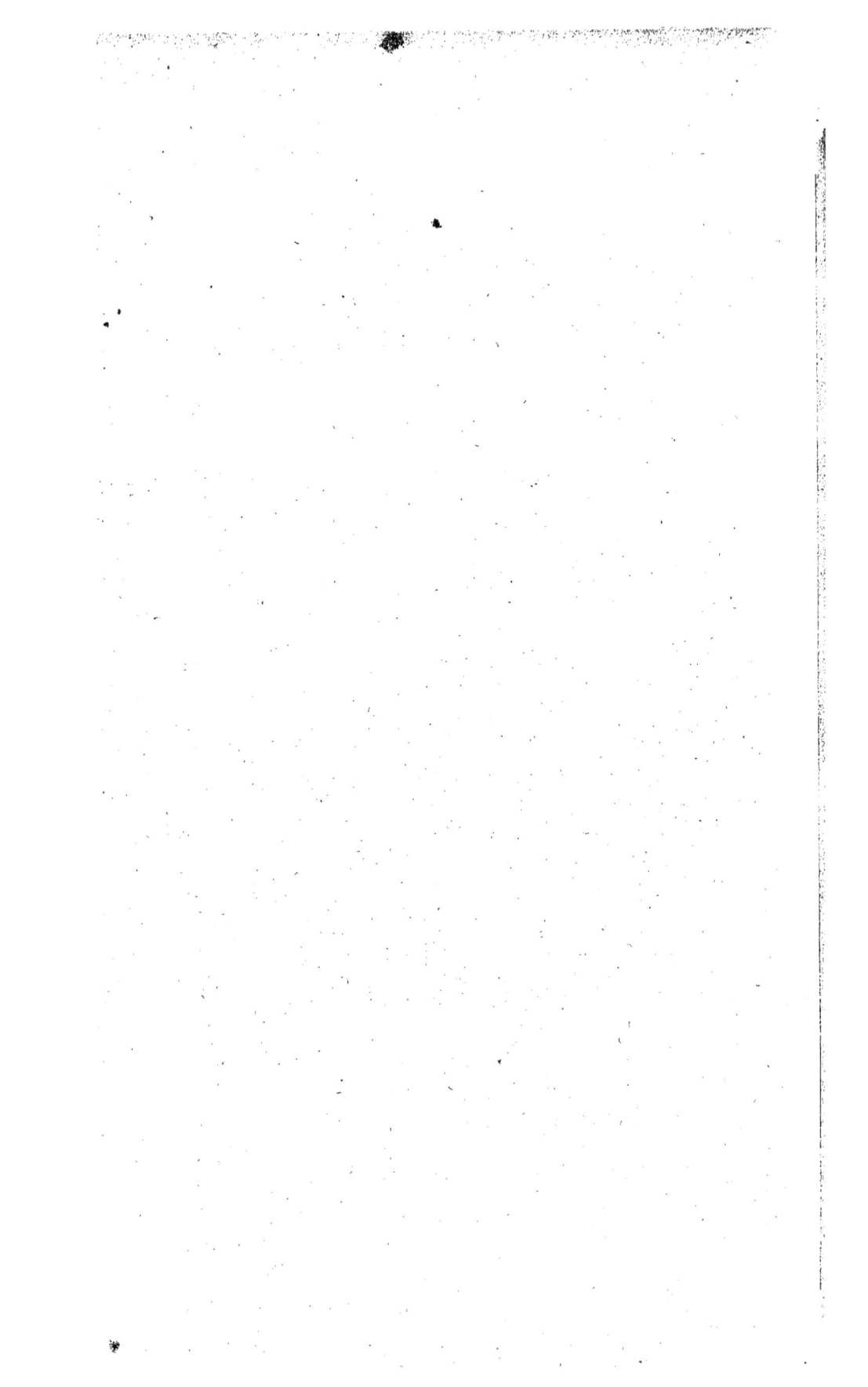

I

Même alors que l'on s'est habitué, pour observer les événements contemporains, à se placer en dehors des étroites préoccupations du jour, il faut un certain courage, pour faire halte au milieu du courant de la presse et de l'opinion, qui vous entraîne presque à votre insu; et après s'être convaincu que l'on fait fausse route, avertir ses compagnons du danger vers lequel on se précipite aveuglément.

C'est ce que nous éprouvons aujourd'hui, en faisant violence en quelque sorte à nous-même, pour nous arrêter au milieu de ce tourbillon qui aveugle même les plus clair-voyants. Confessons d'ailleurs que nous trou-vons tout près de nous des exemples encou-rageants d'hommes, qui, eux aussi, n'ont pas craint, dans des moments d'entraînement général comme ceux où nous sommes, de s'arrêter courageusement, pour faire entendre des paroles de prudence, pour appeler sur les faits un jugement plus calme, et en faire admettre les conséquences logiques.

En examinant religieusement les pièces du procès qu'on appelle la question d'Orient, en dégageant cette question de toutes les chicanes dont ses innombrables avocats l'ont entourée; nous sommes arrivés à reconnaître, que l'Europe se trouve dans une position où tout est artificiel, factice; les alliances comme les inimitiés, les colères comme les sympathies, les dédains comme les respects.

Chose étrange, cette société française qui depuis 1848 est revenue de tant d'erreurs, de tant d'illusions, de tant de préjugés, elle a conservé la plus dangereuse des erreurs, la plus fatale des illusions, celle de ne pas vouloir reconnaître que ce qui est vrai et juste pour nous l'est aussi pour notre voisin; que les nations suivent dans leur développement une loi, dont elles ne doivent compte qu'à Dieu, loi dictée par la Providence elle-même, qui en confie l'exécution aux peuples, et qui subordonne à cette exécution les phases de leur histoire.

La France, l'Angleterre, la Russie, l'Allemagne, ont chacune leur rôle déterminé (1). Le

(1) La France ne doit pas s'inquiéter de ce qu'un peuple grandit, mais seulement de la manière dont cet

premier devoir de l'homme d'Etat est de bien discerner ces divers rôles et de vouer loyalement son activité à la recherche des meilleurs moyens d'en concilier le jeu sur la scène de ce monde(1). Les complications les plus graves de la politique, les guerres les plus sanglantes ne sont dues qu'à l'ignorance ou à la faiblesse de

agrandissement s'opère. Elle a jeté au milieu des nations ces États-Unis d'Amérique; la France a noblement rempli son rôle; et si cette république, ambitionnant une influence plus éclatante, aspirait à prendre pied sur le continent européen, elle combattrait, sans doute, de telles prétentions comme contraires à la nature des choses. Qu'il en soit de même de la Russie. Comprenons bien qu'il est tel agrandissement de cet empire que nous devons être les derniers à combattre parce que nous serons les premiers à en profiter, etc., etc. DE CARNÉ, *des Intérêts nouveaux en Europe depuis la Révolution de 1830.* (Paris, Bonnaire, in-8°, 1838), tom. 2, p. 389.

(1) La science de l'homme politique consiste à pressentir la nature en en secondant le travail. Qu'on marche selon les temps d'un pas lent ou rapide, qu'on s'arrête souvent, c'est sagesse; mais malheur à qui tourne le dos à l'avenir et qui combat ce qu'il n'a que la mission de retarder. DE CARNÉ, *des. Intérêts*, etc., etc., tom. 2, pag. 381.

la plupart des hommes d'Etat, ignorance et faiblesse qui font de la paix une chimère et entravent tout progrès, toute civilisation.

Malheureusement les hommes, et même les hommes d'Etat, cèdent à des passions qui les empêchent de voir clairement les choses ; et comme chacun rencontre chez autrui les mêmes passions qui l'aveuglent, il est rare qu'on tienne compte des faits et de leur logique ; et la politique se meut ordinairement autour d'accidents et d'incidents (1) au lieu de s'occuper des faits et des situations, et d'admettre les vérités qui en découlent nécessairement.

(1) Se préoccuper de l'extension de la Russie vers l'Orient ;.... lutter pour empêcher un fleuve d'affluer à la mer, un oiseau voyageur de suivre le cours de la migration, ou bien de régler le système nouveau de l'Europe sur des bases conservatrices en même temps que favorables à notre légitime influence ; c'est là, à notre avis, une aberration dont on peut croire que la réflexion fera justice avant l'expérience, cette tardive conseillère des peuples.

Si, avant de s'occuper de la question d'Orient, on s'était efforcé de préciser le rôle des grands peuples de l'Europe, cette question aurait pris un tout autre aspect, son aspect réel, et au lieu de s'éloigner aventureusement de sa solution comme on le fait aujourd'hui, on s'en serait rapproché, ce qui eût été d'autant plus raisonnable qu'on sera forcé de revenir au point dont on s'écarte, — pourquoi ne pas le dire, — si légèrement (1).

Quand l'étude impartiale de l'histoire nous

(1) La décomposition de l'Empire Ottoman soulève, du reste, et de toutes parts, d'innombrables questions. Elles ont été récemment remuées avec hardiesse par un homme qui, sur cette terre de ruines et d'espérances, a évoqué à la fois le passé et l'avenir. Le monde semble, en effet, destiné à se retremper à son berceau, et l'on dirait qu'en retardant une inévitable catastrophe, la Providence donne à l'Europe le temps de mûrir ses idées et d'embrasser l'horizon qui se déroule devant elle. Si la raison des peuples et des gouvernements ne prépare pas pour ces événements une issue pacifique, si les traditions routinières l'emportent, on aura la guerre avec les longs

conduit à reconnaître que tout ce qui se passe en ce moment sur le Danube n'est pas l'effet d'un vain caprice, d'un fol entêtement, mais

désastres qu'elle entraînera pour l'Europe et pour l'Asie.

« Cette guerre finie de lassitude, rien de ce qu'on aura voulu empêcher ne sera empêché; la force des choses, la pente irrésistible des événements, l'influence des sympathies nationales et des religions, la puissance des positions territoriales auront leur inévitable effet. La Russie occupera les bords de la mer Noire et Constantinople; l'Autriche se répandra sur la Servie, la Bulgarie et la Macédoine, pour marcher du même pas que la Russie; la France, l'Angleterre et la Grèce, après s'être disputé quelque temps la route, occuperont l'Égypte, la Syrie, Chypre et les îles; l'effet sera le même; seulement des flots de sang auront été versés sur terre et sur mer. Des divisions forcées arbitraires, faites par le hasard des batailles auront été substituées à des divisions rationnelles de territoires; des colonisations utiles auront perdu des années, et pendant ces années peut-être longues, la Turquie d'Europe et l'Asie auront été en proie à une anarchie et à des calamités incalculables. Vous y trouverez plus de déserts encore que les Turcs disparus n'en auront laissé. L'Europe aura reculé, au lieu de suivre son mouvement accéléré de civilisation et de prospérité, et l'Asie sera restée plus longtemps morte dans son sépulcre. Si la raison préside aux destila suite fatale des nécessités que son rôle impose à la Russie (1), on voit avec peine les raisonnements légers ou téméraires de la

nées de l'Europe, peut-elle hésiter ? » (DE LAMARTINE, *Voyage en Orient*, tom. 4.)

(1) Il est reconnu en fait, et surabondamment établi *de l'aveu des écrivains anglais*, qu'il s'agit ici pour la Russie de l'une de ces questions capitales sur lesquelles un peuple ne saurait transiger sans engager l'avenir des générations, *sans manquer aux lois de son développement naturel :* question de vie et de mort plus encore que d'ambition, *car il n'est point ambitieux le jeune homme qui aspire à la maturité de ses forces et de ses facultés, et c'est un* DEVOIR *plus encore qu'un* DROIT *pour les peuples de faire fructifier les dons que leur a dispensés la Providence.*

Comment n'aperçoit-on pas que le premier vœu de l'Europe devrait être, pour sa sécurité même, de voir la puissance russe devenir, d'exclusivement militaire qu'elle est aujourd'hui, industrielle et commerciale, ce qui ne peut se faire qu'en lui donnant accès sur la mer, cette route de toutes les civilisations ? *Le système anglais, si on osait l'avouer dans toutes ses conséquences, n'irait à rien moins qu'à parquer éternellement la Russie dans ses lacs glacés* en laissant la terrible avalanche suspendue sur l'avenir du monde comme une menace de barbarie. *Ce serait là payer un peu cher le maintien du monopole commercial aux mains de la Grande-Bretagne.*

UN ÉQUILIBRE DURABLE SE POURRAIT-IL DONC ASSEOIR

presse politique se mêler à la satire et aux
invectives de la petite presse du jour, comme

SUR LA MANIFESTE VIOLATION DES LOIS PAR LESQUELLES
LES NATIONS VIVENT ET SE CONSERVENT? L'INTÉRÊT NA-
TIONAL EN ANGLETERRE, LES PRÉJUGÉS EN FRANCE, ÉGA-
RENT TELLEMENT SUR CETTE QUESTION, qu'on la pose
vraiment de manière à légitimer par avance tous les
efforts de la Russie pour s'assurer une possession à laquelle on rattache les destinées mêmes de cet empire,
tous ses développements ultérieurs et jusqu'à sa sûreté présente. Quel gouvernement serait coupable aux
yeux de la politique ou de la morale, en brisant, même
au prix d'une guerre acharnée, les entraves où l'on
prétendrait retenir à tout jamais l'élan de sa propérité
croissante?

Vouloir, avec la diplomatie du *Portofolio*, associer la
France et l'Europe continentale aux lamentations que
font pousser à la Bourse de Londres (n'oublions pas que
ceci s'écrivait en 1838) les grands projets de navigation
danubienne, ardemment soutenus par l'Autriche; nous
persuader de considérer comme un insigne malheur
l'extension de l'industrie dans les provinces de la Russie
méridionale; *crier incessamment à l'univers qu'une grande
conspiration est ourdie pour le soumettre aux Cosaques,
parce qu'on tisse le coton à Moscou, et que le commerce
cherche des routes plus rapides, c'est s'enfermer dans un
égoïsme bien grossier et surtout bien malhabile.*

Dieu nous garde de penser du reste que le moment

si « *un couplet qu'on s'en va chantant,* » pouvait changer les décrets de la Providence !

soit arrivé ; où les grands changements en Orient doivent irrésistiblement s'accomplir. L'on vivra plusieurs années encore probablement sur le provisoire que le traité d'Andrinople a réglé entre la Russie et le Sultan, et l'état de choses fixé par la paix de Kiutayah entre Mahmoud et Mehemet-Ali, se maintiendra peut-être assez longtemps, grâce à l'intervention constante et comminatoire de l'Angleterre et de la France, à Constantinople comme à Alexandrie, pour que le divan ne donne aucun prétexte au ministère de Saint-Pétersbourg d'intervenir dans les affaires de l'Empire.

Le Cabinet russe est aujourd'hui comme tous les pouvoirs de l'Europe, sous l'influence d'une situation générale qui, en rendant les bouleversements redoutables, impose la paix comme un devoir envers l'ordre social et la civilisation même. La crainte des révolutions fait dévier de ses voies la politique de toutes les chancelleries, comme un torrent roulant aux flancs de la montagne détourne de sa route le voyageur effrayé.

Cependant comprenons bien, ainsi qu'on commence à le faire en Angleterre, que l'instant décisif approche.....
Quelques appréhensions que puisse éprouver l'empereur Nicolas de faire éclater l'orage qui gronde sur le monde, il n'a pas hésité à faire franchir à ses armées l'arc de triomphe qui indiquait à son aïeul le chemin de Byzance... L'on construit des flottes immenses dans la mer Noire ;

les grandes fortifications de Sébastopol s'élèvent avec rapidité, et déjà tinte la cloche qui sonnera l'agonie de l'empire des Osmanlis. La Russie n'a point intérêt à hâter cet instant, tant s'en faut, car la violence est inutile là où la nature agit avec une si effrayante promptitude. *D'ailleurs, l'irritation croissante en Angleterre, la nécessité qu'éprouverait un pouvoir impopulaire et menacé* DE DÉTOURNER AU DEHORS, SELON LA POLITIQUE DE TOUS LES PATRICIATS, *l'esprit d'entreprise et d'innovation,* un retour d'énergie du Divan, une révolution de sérail, tout semble pouvoir amener pour l'Empire Ottoman de sanglantes et prochaines funérailles.

LA FLOTTE ANGLO-FRANÇAISE FORCERAIT LES DARDANELLES, BRULERAIT DANS LA MER NOIRE LES VAISSEAUX ET LES ARSENAUX RUSSES, *que Constantinople n'en finirait pas moins par être occupée, et qu'après de longues calamités un traité de partage devrait l'assurer à la Russie, faute de pouvoir la donner à d'autres.* Etudiez l'histoire de la diplomatie moderne, depuis la paix d'Utrecht qui reconnut la succession de la maison de Bourbon en Espagne et celle de la maison de Hanovre en Angleterre, et vous verrez que presque toujours les traités sont intervenus pour sanctionner des faits accomplis malgré d'énergiques résistances. Ce ne sera certainement pas dans cette circonstance que cette loi recevra une exception. L'alliance des deux puissances maritimes créerait à la Russie de grands obstacles ; elle pourrait tarir pour plusieurs années dans la mer Noire les sources de sa prospérité; mais il est évident que cette alliance ne saurait prévenir indéfiniment les progrès de ses armées dans la Bulgarie et la Roumélie

4

A quel prix, d'ailleurs, achèterions nous un délai qui nous touche peu, quoi qu'on en dise? Faut-il que la France se précipite dans de tels hasards, parce que l'Angleterre tremble pour son monopole maritime et commercial, *parce que la Russie à Constantinople menace à la fois Corfou et Calcutta?* Faudra-t-il qu'une puissance dont l'intérêt comme la mission providentielle est de préparer le triomphe de la politique naturelle des nations ainsi que celui de toutes les idées fécondes et vraiment progressives, faudra-t-il que la France s'engage dans une lutte sanglante et peut-être séculaire pour donner raison à la diplomatie contre la nature, à la barbarie contre la civilisation?

Je ne saurais comprendre qu'on pût nous imposer la guerre pour défendre la Turquie contre les Russes, tandis qu'on ne nous en fit pas, en 1831, un impérieux devoir pour leur arracher la Pologne. Comment voir avec des transes aussi vives les progrès de la marine russe dans la mer Noire, lorsque nous nous félicitons avec raison des développements rapides de la marine des Etats-Unis, dans l'espoir de résister un jour avec des chances moins inégales aux forces navales britanniques, supérieures à celles de toutes les puissances du monde réunies? Sans réveiller de vieilles haines entre deux grandes nations, faut-il donc faire un métier de dupes, et nous payer de déclamations redondantes contre le colosse du Nord?

Comment s'expliquer qu'on prêche à la fois la liberté du commerce, l'avantage d'étendre le champ de la concurrence et celui de la consommation, et qu'on s'effraie *de voir renaître à la civilisation les fertiles contrées qui en furent le berceau?* CARNÉ, *Intérêts*, t. II, p. 373 et suiv.

II

II

L'intervention de la Russie dans les affaires de l'Europe est d'une date relativement récente (1). Cette puissance ne figure pas dans le traité de paix de Westphalie, dont elle était

(1) On a beaucoup reproché, depuis un siècle, au cabinet de Saint-Pétersbourg de trop intervenir dans les affaires de l'Europe, reproche sur lequel il est bon de s'entendre.

Pierre Ier faisait son métier de grand homme en dépouil-

appelée à bouleverser bientôt toutes les combinaisons.

A peu près inconnue à l'Europe, à l'époque

lant la Suède de l'Ingrie et de la Livonie, en s'ingérant
dans les affaires de Pologne, en élevant Saint-Pétersbourg
contre Stockholm, Copenhague et Varsovie. Il conquérait
ainsi plus que des provinces, il créait plus qu'une capitale;
car il fondait la civilisation d'un peuple. D'ailleurs, quelle
que fût la pénétration de Pierre-le-Grand, il ne pouvait
avoir, en face de la puissance des Ottomans, encore im-
posants, ni le secret de leur faiblesse, ni celui de sa propre
force.

Le vainqueur de Pultawa faillit trouver des fourches
Caudines au bord du Pruth, où il dut signer une paix désastreuse, et l'on ne pouvait entretenir du temps d'Achmet
les pensées que l'on conçoit sous Mahmoud. Les préoccupations de la Russie, avant de se détourner sur l'Orient,
devaient se porter sur l'Europe. Ce fut par son contact
avec elle que Pierre grandit dans l'opinion, et qu'il avança
son œuvre immense.

Mais aujourd'hui cette civilisation est acquise à l'immense Empire du nord. Moscou en est le siége comme
Paris ; *elle descendrait sur Constantinople à l'instant où le
patriarche élèverait dans Sainte-Sophie une hostie consacrée.*
Le contact immédiat avec l'Europe, indispensable pour
former une armée et s'assurer une grande considération
extérieure, est donc, sous ce rapport, d'une moindre importance pour l'empire de son fondateur. Les motifs qui

de cette paix, nous voyons la Russie cinquante ans plus tard se révéler, sous l'impulsion d'un grand génie, comme un empire qui devait exercer une influence considérable sur les destinées de l'Europe et du monde.

A dater du règne de Pierre-le-Grand, la Russie intervient activement dans les affaires des pays auxquels elle a emprunté sa civilisation *occidentale*, et elle continue ce rôle jusqu'à la Restauration.

Depuis lors elle paraît reporter ses vues ailleurs, comme le prouvent les projets politiques que la Révolution de 1830 a empêché la Restauration de réaliser de concert avec elle.

Il nous paraît évident aujourd'hui que la

portaient ce prince à dépouiller la Suède, et Catherine II à provoquer le partage de la Pologne, n'existent plus au même degré, puisque la Russie à Constantinople ne serait pas moins puissance européenne prépondérante. « DE CARNÉ, *Intérêts*, etc., t. II, p. 385-586. »

Russie, comprenant son véritable rôle, est dis-
posée à ne plus intervenir dans les affaires de
l'Occident, à moins qu'elle n'y soit violemment
entraînée comme elle l'a été dans la guerre de
Hongrie. Ce qui ne veut pas dire qu'elle ne se
croira pas appelée à menacer du contrepoids de
ses éléments conservateurs, l'esprit révolutionnaire, à chaque fois qu'il mettra en danger les
sociétés de la vieille Europe.

III

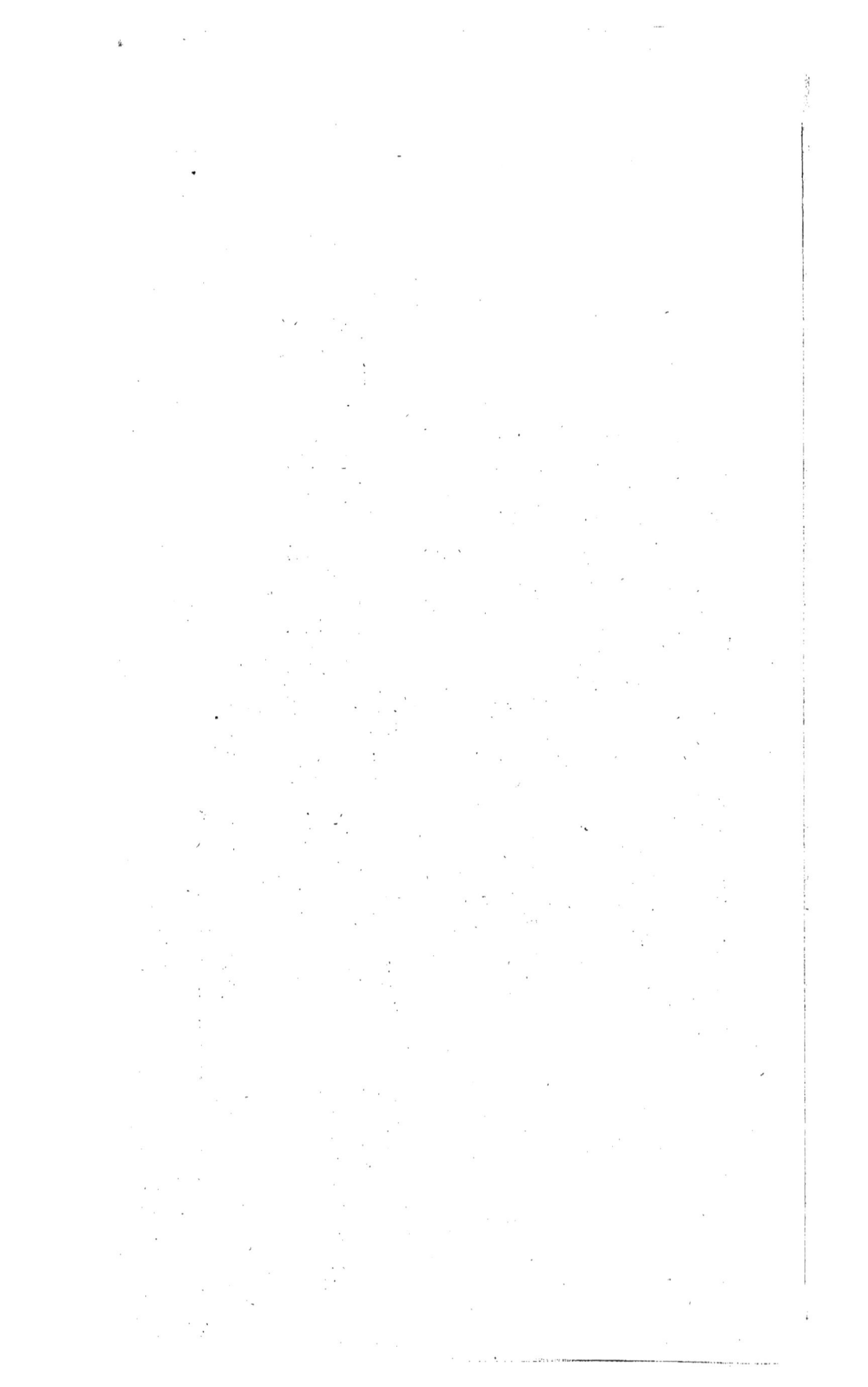

III

A dater du rétablissement de l'empire en France, la Russie a dû porter plus que jamais ses regards vers l'Asie.

Le triomphe de l'ordre, au 2 décembre (1), a

(1) On est frappé de l'analogie que présente l'ordre des choses actuel en France avec celui que présente l'avénement du Consulat dont M. Villemain, dans son dernier livre (*Souvenirs contemporains*), parle dans ces termes :

« Le prestige de cet avénement, la féconde activité des

dù lui prouver que les éléments conservateurs
ne faisaient pas autant défaut qu'on avait pu le
craindre, à ce pays de l'Europe dont la révolution a changé la face des sociétés modernes.

Cédant à ce besoin d'expansion inhérent aux
grands peuples, qui dans la main de Dieu est
subordonné à la marche providentielle de l'hu-

débuts consulaires, si admirés en France, ne jetaient
guère moins d'éclat à l'étranger. Alors cette puissance
révolutionnaire, qu'on avait regardée comme une surprise
effroyable qui passerait, cette lave répandue à pleins bords,
dont l'épuisement était attendu et prédit depuis tant d'an-
nees ; on commença de croire qu'elle se fixait en granit,
brûlante encore, mais accessible, et on eut le désir de traiter avec la France comme avec une force indomptable qui
devenait régulière. Cet aspect du Consulat, cette annonce
d'une ère nouvelle est marquée dans tous les écrits du
temps. On en voit l'aveu demi-arraché dans l'écrit que
publiait alors M. Necker : *Les dernières vues de politique et
de finances*, testament d'un esprit libre qui blessa beaucoup le dominateur, dont il prédisait le despotisme dans
les éloges mêmes donnés à ses triomphes ; elle apparaît
encore plus dans la polémique anglaise du temps *et dans
le mouvement de tout un grand parti, qui imposait au gouvernement britannique les négociations et la paix d'Amiens.*

manité ; cédant à ce besoin d'expansion qui a
rendu l'empire romain tributaire des peuples
germains, qui a tant de fois conduit les Allemands et les Français dans les plaines de
l'Italie, qui a mis les Indes aux pieds de l'An-
gléterre , qui pousse aujourd'hui l'Amérique
vers des destinées mystérieuses, la Russie en-
trevoit que c'est vers l'Asie qu'elle doit tourner
ses aspirations, vers l'Asie où elle est appelée
par la Providence à porter le christianisme et
la civilisation, car nous ne pouvons nous arrêter
aux inculpations de barbarie (1) qu'on se plaît à

(1) Dans l'ouvrage sur Suworow, cité dans notre préface, un publiciste français parle du soldat russe en ces
termes (p. xiii) :

« Pris séparément, le soldat russe est fort doux et même
fort timide ; mais sous le drapeau, il est d'une opiniâtreté,
d'une résignation à la mort qui le rend redoutable et souvent invincible. Ses bataillons, ébranlés et éclaircis, se
resserrent en se rafermissant ; les soldats tombent et
meurent *alignés* ; c'est cette impassibilité héroïque qui fit
dire à Frédéric : *Il est plus facile de les tuer que de les
vaincre.* A chaque action d'éclat, le soldat russe reçoit

prodiguer à un peuple dont les progrès réels
sont appelés à rendre en Asie des services incalculables à la civilisation universelle.

une médaille d'argent comme une espèce d'ordre de mérite
qui excite son émulation. On a vu des soldats russes, pri-
sonniers de guerre, ne pouvoir se résoudre, malgré les
besoins d'une longue captivité, à vendre cette médaille
et la rapporter dans leur patrie.

IV

IV

En jetant les yeux sur la carte du monde, nous voyons deux peuples s'avancer vers la conquête de l'Asie : au nord, les Russes ; au midi, les Anglais. Le sort de l'Afghanistan d'un côté, celui de la Géorgie et de l'Erivan de l'autre, nous montrent le terrain sur lequel les deux peuples finiront par se rencontrer. La France, elle, n'est pour rien dans cette vaste migration de peuples civilisés subjuguant la barbarie asiatique, comme cette dernière dans l'antiquité avait subjugué la civilisation romaine.

La France n'est pour rien dans cet immense mouvement. Nous ne la rencontrons en Asie qu'à titre de protectrice du catholicisme sur la côte de Syrie, à Jérusalem, à Damas, à Beyrouth. Il est vrai que l'Allemagne ne prend part en rien non plus à ce qui se passe en Asie; si on excepte la fondation d'un évêché protestant par la Prusse à Jérusalem, et l'appui que prêtent les vaisseaux à vapeur du Lloyd autrichien au transport de l'*overlandmail* vers les Indes.

La France ne songe sûrement pas à intervenir dans ce développement des influences russe et anglaise en Asie; elle n'y songe point, parce qu'elle comprend que là n'est pas son rôle, et l'Algérie lui indique suffisamment vers quelles régions elle doit tourner ses regards,

pour ne pas rester en arrière de ce développement prodigieux dont la Russie, l'Amérique et
l'Angleterre lui donnent l'exemple.

La France cependant, comme porte-drapeau
de la civilisation universelle, ne peut pas rester
indifférente à ce qui se passera un jour en Asie.

Or, est-ce le progrès de la protestante Angleterre dans l'Inde qui a droit à ses sympathies ?

La conquête des peuples asiatiques sera essentiellement une conquête religieuse, et dès
lors on comprend quel abîme sépare le protestantisme, en d'autres termes, la discussion et
le doute, de la foi absolue qui est le caractère
des religions de l'Asie, mais en même temps
aussi celui de l'Église Grecque.

L'Angleterre ne pourra, grâce à son protestantisme, jamais faire progresser le christianisme, précurseur nécessaire de toute civilisation. Elle le comprend si bien qu'elle renonce

tacitement à la conversion des peuples soumis à sa domination, et qu'elle se contente de les exploiter.

On nous dira que la France, elle non plus, ne cherche pas à convertir à la foi de ses pères les sectateurs de Mahomet devenus ses sujets. Mais la France, elle, espère ramener les arabes au christianisme par la force de l'exemple, par la pratique des vertus chrétiennes ; tandis que l'Angleterre professe pour la conversion des Hindous au christianisme la plus profonde indifférence.

C'est ce que ne ferait pas la Russie, dont le premier soin serait de travailler à la conquête religieuse de l'Asie, et nul doute que l'Église grecque ne réussît à y faire faire au christianisme de vastes progrès (1). Le rite impo-

(1) Le titre de *craignant Dieu*, assumé par le czar, et qui a donné lieu à d'ignobles plaisanteries, n'est ni vain, ni ambitieux, ni hypocrite.

sant de l'Église chrétienne-grecque ne pourrait manquer de frapper vivement des peuples dont l'imagination n'éprouverait rien au contact du froid glacial et de l'empois ridicule du protestantisme.

Comme Chrétiens Catholiques nous devrions donc vouer nos sympathies à la civilisation de l'Asie par l'Église Grecque; nous verrons bientôt de quel côté est notre intérêt dans cette question, envisagée sous le rapport politique.

V

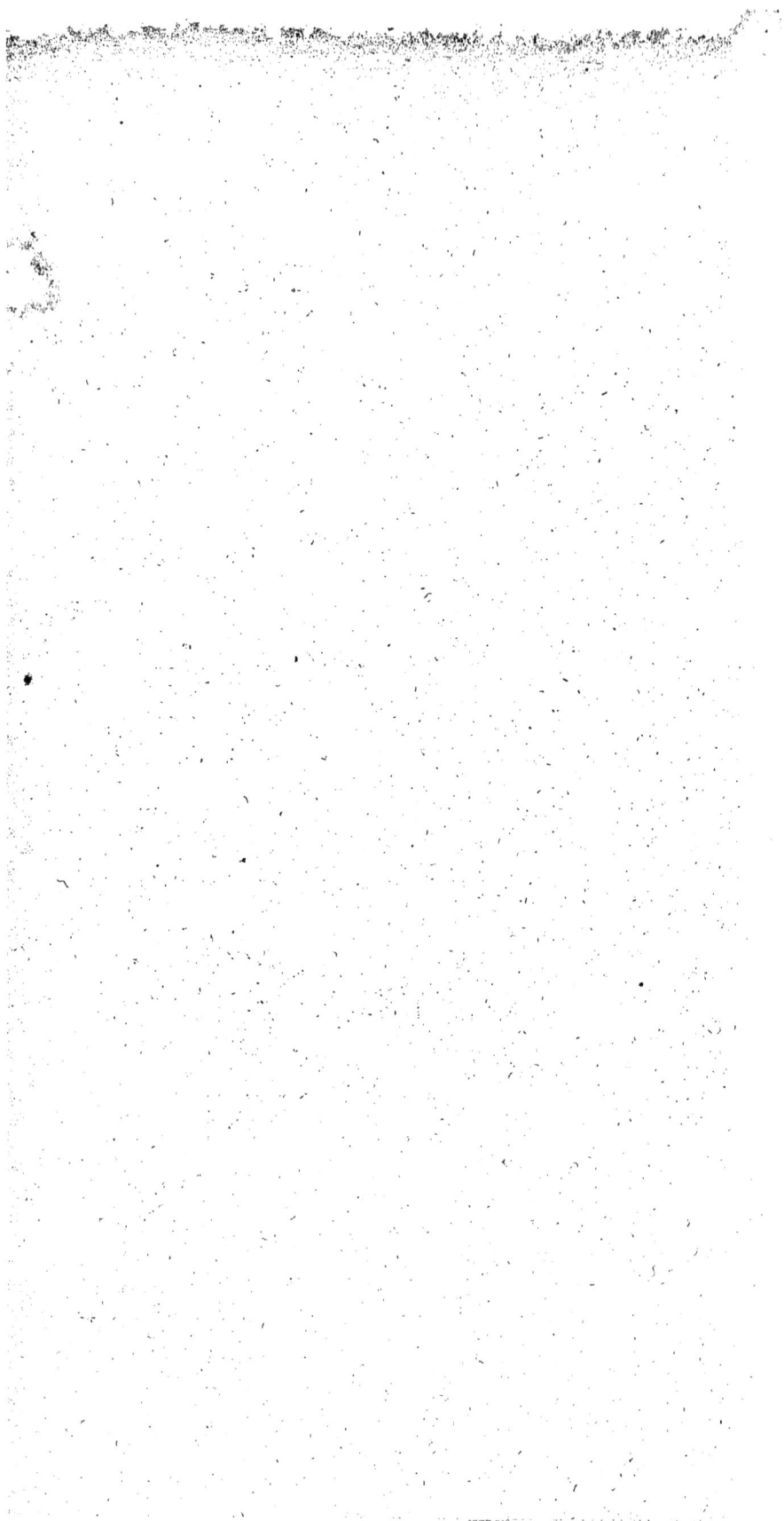

V

Et d'abord, la Russie a un autre avantage sur l'Angleterre, dans son rôle de civilisateur de l'Asie. L'organisation patriarcale de la Russie est évidemment plus en harmonie avec les anciennes traditions asiatiques, que l'organisation féodale de l'Angleterre, sur laquelle on a enté le compromis des libertés modernes.

Qu'on nous permette, à ce sujet, d'intercaler ici la traduction de quelques passages d'une brochure à laquelle la presse française n'a pas accordé toute l'attention qu'elle méritait, et qui, quoique écrite dans d'autres circonstances, n'en éclaire pas moins, singulièrement, la question qui nous préoccupe.

Un employé du cabinet de Berlin, le docteur Frantz, écrivait il y a environ un an et demi, et, à ce qu'on assure, sous l'inspiration de M. de Manteuffel, un travail intitulé : *Du Malaise des États* (1), où nous lisons ce qui suit :

« Les États de l'Europe occidentale, c'est-à-dire les peuples d'origine germaine ou romane, sont malades parce que le principe qui présida primitivement à leur organisation ne les gou-

(1) *Die Staats-Krankheit.* Berlin, 1852, avec cette épigraphe :

Es ist nicht Alles, wie es sein soll
Etwas ist faul im Staate Dänemarks.

verne plus, parce qu'ils sont dirigés par d'autres principes qui s'excluent ou se contredisent mutuellement.

« L'évidence de cette thèse se révèle aussitôt par l'antithèse ; car la maladie s'explique par la santé. Or, à côté des États malades de l'Europe occidentale, nous voyons figurer comme Etats sains et vigoureux : l'Amérique du Nord, la Russie, et sous certains rapports, l'Angleterre.

« La santé de ces États résulte de ce que le principe d'où ils sont sortis les régit encore, en détermine complétement l'organisation. L'Amérique du Nord doit son origine à une associatiou de colons, et, jusqu'à ce jour, son organisation politique nous présente le spectacle d'une association libre d'individus essentiellement indépendants (1). La plus parfaite harmonie règne dans l'ensemble de cette société.

(1) Nous croyons devoir mettre en regard de cette ma-

« D'autre part, la Russie est organisée d'a-
près des formes patriarcales qui dominent de
haut en bas son édifice social, et qui servent
de lien entre l'empereur et le serf de la glèbe.

nière de voir les passages suivants du livre déjà cité de
M. de Carné :

Trois doctrines se disputent aujourd'hui l'empire du
monde politique , et chacune d'elles comprend à sa ma-.
nière l'avenir des sociétés et le droit social lui-même.

L'une asseoit pour ainsi dire la souveraineté sur elle-
même. Celle-ci est parce qu'elle est , comme le Dieu des
Ecritures ; elle n'a besoin d'aucune investiture, elle n'est
surtout justiciable d'aucune investiture, elle n'est surtout
justiciable d'aucune autorité. Limitée seulement par les
concessions qu'elle a faites, ou par quelques franchises
historiques aussi vieilles qu'elle, cette autorité suprême
peut avoir des faits à ménager, mais elle ne reconnaît
aucun droit devant lequel elle ait à s'incliner, aucune
volonté, si générale qu'elle soit, qui puisse prévaloir et
prescrire contre elle. C'est la doctrine de la conquête, le
droit public de la vieille Europe féodale, que certains
publicistes ont grotesquement habillée de lambeaux empruntés au garde- meuble révolutionnaire, mais qui dans
les grandes monarchies continentales où elle se sent encore forte et vivace , se produit avec une sincérité souvent bienveillante et paternelle. Ce droit domine en
Russie ; il règne encore en Allemagne, où les Etats con-

Conformément à ces idées patriarcales, le paysan
russe n'hésite pas à appeler l'Empereur « son
cher père », ou à le désigner par son simple
nom, en y ajoutant le patronymique, comme :

stitutionnels sont contraints de l'accepter. Leurs libertés
procèdent en effet d'un simple octroi royal, aucun pacte
n'ayant été librement consenti entre la souveraineté et
les classes auxquelles elle délégua spontanément quelque partie de ses propres droits.

Une autre doctrine s'est développée en face de celle-là,
et celle-ci anéantit le pouvoir comme l'autre l'immobilise.
Cette doctrine, on le sait, est celle de la majorité numérique, du droit par tête, la matérialisation de toute société. De ce que le Christianisme proclama l'égalité naturelle des êtres sortis des mains d'un même Dieu, rachetés
au prix d'un même sang ; de ce qu'il a pour jamais fou-
droyé le régime des castes des hauteurs sacrées du Cal-
vaire, cette école conclut l'égalité politique de tous les
membres de la société. Elle leur donne identiquement
les mêmes droits, sans chercher dans leur valeur personnelle la mesure et la règle de ces droits eux-mêmes,
conduite ainsi à condamner ou à méconnaître toute dis-
tinction de mœurs et de génie, de moralité ou d'influence
individuelle.

De là l'obligation de nier l'inégalité des facultés entre
les hommes, en fermant les yeux à la loi la plus évi-
dente de la nature, ou d'essayer de la faire disparaître

Nicolas fils de Paul (Nicolas Paulowitsch). Les formes sociales et politiques de la Russie correspondent à ces idées, et elles s'harmonisent avec le degré de civilisation du peuple russe. C'est pourquoi la Russie est un État sain, vigoureux; il n'y existe rien de discordant, rien qui trouble l'harmonie générale.

« Et pourquoi n'en est-il pas de même des États de l'Europe occidentale, pourquoi ces États sont-ils malades? Ou bien encore, et cela revient au même, pourquoi ces États ne révèlent-ils aucune harmonie dans leur organisation?

« La réponse est facile du moment que nous

sous le niveau du plus grand nombre: c'est-à-dire l'alternative d'être absurde en principe ou anti-civilisateur en action.

Ce droit public est celui de l'Amérique du Nord et de ces malheureuses républiques du Sud, qui ne trouvent pas dans leurs antécédents et leur moralité religieuse un contrepoids à l'action de ces principes redoutables.

nous rendons compte du principe d'où ces États
sont sortis, et qui n'est autre que celui de la
féodalité. Cette origine leur est commune, et
les distingue essentiellement de la Russie, qui
n'a pas pris son origine dans la féodalité, qui
n'a jamais connu nos formes Moyen-âge, mais
qui se base sur des principes patriarcaux, différents essentiellement de ceux de la féodalité.

« Issue primitivement d'une société guer-
rière, visant essentiellement à un but de domination seigneuriale, le monde germano-roman
s'organisa d'après un système d'États ou de
classes superposés.

« C'était une construction pyramidale dans
laquelle la couche inférieure, portant le poids
de l'ensemble, se trouvait anéantie dans la ser-
vitude, tandis que les couches moyennes et supérieures s'élevaient vers la liberté par divers
degrés de sujétion et de domination, vers cette

liberté qui découlait du sommet, et n'arrivait naturellement qu'en gouttes presque imperceptibles à la base. Chaque membre était soumis à un autre, et ce qu'il possédait de droits et de libertés lui était octroyé d'en haut. Chaque supérieur était pour son inférieur, une *autorité*, et l'ensemble formait un système incarné d'autorité.

« Dans une société constituée de la sorte, il était de nécessité première, qu'au sommet se trouvât le pape, puis l'empereur, les rois et les souverains. Une société semblable n'eût pu se concevoir différemment. Les princes souverains possédaient dans leurs vassaux des organes et des appuis de leur puissance, et dans le principe de dépendance qui embrassait toute l'échelle sociale, une base inébranlable d'autorité. De cette façon, le tout se trouvait dans la meilleure harmonie.

« Mais cette constitution sociale hiérarchique s'est dissoute dans le courant des derniers siècles, et cela de telle façon que les pouvoirs intermédiaires ont été absorbés par le pouvoir royal ou souverain. La royauté y gagna une force extraordinaire, elle devint en quelque sorte absolue, mais à mesure que l'absolutisme gagnait du terrain, il perdait ses anciens appuis politiques et moraux. L'organisation hiérarchique étant dissoute, le principe d'autorité perdait sa véritable signification. Nous trouvons donc, comme résultat de ce changement, un pouvoir politique, lequel a perdu ses bases fondamentales et primitives ; un pouvoir politique qui prétend à l'autorité, tandis que l'on ne trouve plus la moindre trace d'autorité dans les sociétés modernes.

« Sur quoi se base-t-il donc, ce pouvoir politique ?

« Il semble flotter dans les airs, et parce qu'on le sent, on s'efforce de l'affermir par des

6

Chambres constitutionnelles ou des États restaurés, par la force militaire, ou par des associations conservatrices. Ou bien encore on cherche pour le pouvoir temporel un appui dans l'Eglise, on essaie de lui donner une nouvelle force en répandant certaines idées dogmatiques ou en propageant des notions purement spéculatives.

« Et l'expérience a prouvé que tous ces efforts demeurent sans résultat. Depuis soixante ans, nous voyons les États chancelants, ou menaçant une prochaine ruine, et nous sommes loin d'entrevoir la fin de nos incertitudes.

« Tel est le spectacle que nous offrent les États romans et germains du Continent, tandis que l'Angleterre nous apparaît comparativement forte et saine, et qu'elle progresse continuellement dans son développement intérieur, aussi bien que dans sa puissance extérieure. D'où vient-il donc que l'Angleterre, comparée aux autres États de l'Europe, auxquels elle ressemble d'ailleurs sous tant de rapports, nous apparaît encore à l'état de santé? Nul doute la raison en est que son organisation féodale s'est maintenue encore pour la plus grande partie, et qu'elle caractérise jusqu'à ce jour l'état politique de l'Angleterre. Cependant, il existe dans ce pays mille éléments qui s'attaquent à cette organisation, qui la minent de tous côtés et qui font dans les derniers temps de grands progrès. Déjà il n'est plus possible de leur résister, et bientôt peut-être ils atteindront leur but. C'est alors que l'Angleterre subira le grand mouvement révolutionnaire des autres États romans et germains, dont elle partagera la commune dissolution, comme elle a partagé leur commune origine.

« Cet état de choses ne pouvait échapper à Napoléon, qui était entré avec ses armées dans toutes les capitales du Continent, et qui connaissait à fond la situation politique de l'Europe. De son œil d'aigle il mesura aussitôt toute la portée de la situation. Il vit la dissolution intérieure des États de l'Europe ; il les avait tous renversés, mais il rencontra dans la Russie une puissance qui lui imposa par ses fermes allures et par son organisation unitaire ; *il avait enfin tenté de fonder un système à lui,* et les puissances réunies de la vieille Europe l'avaient accablé. C'est alors qu'il prononça les paroles mémorables : « Dans cinquante ans l'Europe sera républicaine ou cosaque. »

VI

VI

Oui, Napoléon a dit cela (1), pénétré qu'il était de la désorganisation des états féodaux de l'occident, en présence de ce nouvel empire qui se dressait devant lui, tout-puissant par une merveilleuse unité ; mais alors qu'il prononçait ces

(1) Il est un autre mot de Napoléon qui mérite mieux les honneurs de l'infaillibilité : « TOUTE GUERRE EUROPÉENNE EST UNE GUERRE CIVILE. » Et c'est ce mot qui réglera l'avenir des nations de l'Europe. (E. BARRAULT, *Occident et Orient*, p. 218.

paroles, dans un moment de découragement,
où il doutait de la durée de ce système politique
qu'il avait fondé, et qui devait devenir cependant pour l'Europe, la révélation de la seule
organisation politique possible, après la chute
de la féodalité ; alors qu'il prononçait ce mot,
il ne pouvait pas prévoir que son système lui
survivrait, et sous les Bourbons qui en vécu-
rent, et sous le régime parlementaire qui prépara la restauration de sa dynastie et l'application plus suivie de ses principes (1).

(1) Au moment de corriger les épreuves de notre travail nous lisons dans le livre de M. Guizot sur la *Démocratie en France :*

« Mirabeau, Barnave, *Napoléon*, Lafayette, morts dans
leur lit ou sur l'échafaud, dans la patrie ou dans l'exil,
à des jours très-éloignés et très-divers, sont tous morts
avec un même sentiment, un sentiment profondément
triste. *Ils ont cru leurs espérances déçues, leurs œuvres
détruites.* Ils ont douté du succès de leur cause et de
l'avenir, etc. »

Après cette exorde, M. Guizot arrive, quant à Napoléon, aux mêmes conclusions que les nôtres.

C'est surtout à ce titre que nous sommes surpris de voir le publiciste allemand dont nous venons de nous occuper, ranger la France parmi les États malades, tandis que nous ne croyons pas devoir hésiter à la ranger parmi les États convalescents, et à la considérer comme l'État dont la santé sera rétablie plus tôt que celle d'aucun autre de l'Europe.

Le classement du docteur Frantz a, d'autre part, d'autant plus lieu de nous surprendre, que lui-même, dans un chapitre remarquable de son livre, consacré à l'examen des moyens de régénération des dynasties, il reconnaît que le chef actuel de l'État en France remplit parfaitement les conditions dans lesquelles il croit que les princes doivent se trouver, pour rendre aux états germains et romans de l'Europe, cette santé qu'ils ont perdue.

Il dit :

« Les princes devraient donner l'impulsion

aux peuples ; l'organe central du corps ne la donne-t-il pas à tous les membres aussi long-temps que le corps jouit de la santé ?

« Si l'on jette les yeux sur les soixante der-nières années, et que l'on fasse abstraction de la Russie et de Napoléon, on découvre que de-puis Frédéric II rien de grand ne s'est fait par un prince. Doit-on dès lors s'étonner de la dé-cadence du principe monarchique, lorsque les monarques font défaut ? Et comment les dy-nasties pourraient-elles se soutenir, sinon par le principe auquel elles doivent leur origine, c'est-à-dire par leur activité nationale, et par leur initiative ?

« Nos idées ne peuvent paraître étranges qu'à ceux qui veulent l'anéantissement des dy-nasties, et qui travaillent à l'amener ; c'est-à-dire les républicains, ou bien les bureaucrates qui ne voient dans le roi que le chef du bureau central ; ou les constitutionnels, qui n'assignent au roi qu'un rôle de facteur dans le système des pouvoirs ; où les réactionnaires qui ne peuvent pas se figurer un roi autrement que dans un costume Moyen-âge, accordant du haut du trône à ses vassaux des fiefs accompagnés de priviléges et de franchises écrits sur parchemin.

« Il importe avant tout de bien se rendre compte des éléments de notre société moderne pour juger quels sont les moyens, quelles sont les formes, par lesquels les dynasties peuvent se mettre en rapport avec ces éléments et s'associer par leur initiative à l'action de la société, ce qui est indispensable, du moment qu'on veut établir un commerce vivace et de bon aloi entre le prince et le peuple. C'est précisément l'absence d'un pareil commerce qui est la cause la plus profonde du malaise des États. Si ce commerce existait, les questions de constitution et de réforme administrative se videraient aisément dans une entente raisonnable des parties, parce que ces questions se trouveraient complétement émoussées.

« Dès que l'on voit les princes vouer aux rapports de notre société moderne un coup d'œil sûr et une volonté puissante d'action, le peuple ne redoute plus ni les arrière-pensées réactionnaires, ni les projets de restaurations romanesques ; on voit disparaître le constitutionalisme avec ses tendances ; le constitutionalisme qui n'a trouvé d'adhérents, que parce qu'on a cru y voir une garantie contre la réaction féodale. C'est là un fait évident.

« D'autres considèrent la constitution comme une digue contre le républicanisme, et ceux-là n'ont pas tout-à-fait tort. Mais les tendances républicaines elles-mêmes disparaîtront derechef, aussitôt qu'une communauté d'existence se sera de nouveau établie entre les dynasties et les peuples. Car à mesure que cette

communauté prend racine, on voit disparaître
en même temps les tendances réactionnaires et
les tendances révolutionnaires, les partis per-
dent leur acrimonie; leur amertume. On arrive
à la conviction, qu'après tout, le but de l'Etat
n'est autre que d'assurer et de développer le
bien-être du pays, et l'on reconnaît bientôt que
sous ce rapport il n'existe pas de formes absolument nécessaires, que l'on peut pour y atteindre marcher par plusieurs voies, dont le choix
doit être déterminé par la nature spéciale et
les besoins particuliers des différents États. »

Passant de la théorie à la pratique, l'auteur
tient compte de ce qui se passait en France à
l'époque où il écrivait, et ses paroles ont été
de tout point légitimées par les événements :

« L'exemple de la France pourrait servir
d'enseignement aux princes, sous beaucoup de
rapports.

« Ainsi nous demanderons ce qui rend si

forte la position du Prince-Président, car elle l'est, il faut bien le reconnaître, même lorsqu'on ne la considère que comme provisoire.

« Si malgré les circonstances défavorables où il se trouve placé, le Président possède tant de force, il faut qu'il y ait dans sa position quelque chose de puissant qui paralyse toute réaction.

« Quelle est donc cette cause dont l'effet nous frappe ?

« D'abord le Prince-Président base son système sur la véritable situation de la France, tandis que ses adversaires les légitimistes, les orléanistes, les républicains, n'ont ni le sens ni le coup d'œil requis pour l'appréciation de la situation réelle ; ils n'agissent tous ensemble que d'après des doctrines ; doctrines de romantiques, doctrines de philistins, doctrines de métaphysiciens politiques. C'est pourquoi le Prince-Président leur est supérieur à tous.

« Ajoutons à cela qu'il agit en personne comme le veut le peuple (1), car le peuple réclame un chef dont l'activité, dont l'initiative lui serve de point de départ ; il ne tolère pas d'être gouverné par un bonnet de nuit, ce bonnet fût-il orné des galons du droit divin.

« Ajoutons encore que le Prince-Président s'occupe tout particulièrement des besoins de la société, et qu'il voue son attention personnelle aux questions qui s'y rapportent. Qu'il s'y entende peu ou beaucoup, c'est déjà quelque chose, et le principal est qu'on croit qu'il agira ; et lui-même montre la ferme volonté de le faire ; tandis qu'il est notoire que les chefs des

(1) Le docteur Frantz dit ailleurs dans sa brochure, et à notre sens avec beaucoup de raison :

« Quelle est la forme populaire du pouvoir ? Le gouvernement personnel. Et cela est vrai, même pour les républiques, témoin les États-Unis, où on ne choisit pas pour gouverner des individus qui s'abritent derrière leurs bons amis, mais des hommes qui paient de leur personne. »

anciens partis n'ont le sens de rien , ne s'intéressent à rien , qu'aux phrases et aux intrigues.
Voilà de quoi le peuple est fatigué. Le peuple
veut un chef qui s'occupe de ses intérêts, et il
passe beaucoup de choses à cet homme parce
qu'il sait qu'il a une volonté. »

Ainsi, de l'aveu même du publiciste allemand , la France est en voie de guérison, grâce
à l'initiative de l'homme que la Providence a
fait surgir du chaos où les partis avaient
plongé ce beau pays, et il est visible que le
peuple se soumet avec docilité aux sages pres-
criptions de son habile médecin.

VII

VII

S'il est une chose qui a lieu de surprendre, lorsqu'on examine le rôle de la France du point de vue de cette amélioration notable qu'elle a subie, c'est son attitude dans la question d'Orient.

Nous la voyons, de concert avec l'Angleterre (1), prendre parti contre une puissance

(1) Quelle a été l'attitude de l'Angleterre lorsqu'il s'agissait de la délivrance de ces mêmes Grecs, que l'on ne

qui présente avec elle, à son état actuel, une grande similitude.

Nous l'avons vu, la Russie n'ayant jamais

veut pas laisser sous la protection russe? M. Villemain va nous le dire en parlant des salons de M. de Feletz (*Souvenirs contemporains*, p. 472) :

« A qui trouverait frivoles ces nobles plaisirs de l'esprit, on pourrait rappeler qu'ils n'étaient pas sans puissance pour inspirer d'utiles et fortes résolutions, et agir à propos sur la politique du temps. C'est ainsi que se conçut, se prépara, s'acheva l'expédition de Morée, cette bonne action européenne, si peu secondée d'abord en Europe, si barbarement traversée, et à laquelle *une grande et philanthropique nation* était commercialement très opposée, trouvant sans doute que le *nolis* à bon marché des petits vaisseaux grecs d'Ipsara et de Hydra méritait peine de mort. « Je suis Turc, moi, » disait d'abord avec affectation l'ambassadeur d'Angleterre à Paris, d'accord en cela avec la politique de son cabinet et celle du nôtre ; mais on lui redit tant, sur tous les tons, qu'avant d'être Turc ou même Anglais, il fallait être homme et chrétien, on fit tant de conversations, d'exhortations, de quêtes, de souscriptions en faveur des Grecs, qu'à la fin la dureté diplomatique s'ébranla ; toutes les opinions s'émurent, et Charles X, poussé, sans trop de résistance, par le flot de sentiments généreux qui s'amassait depuis trois ans, entreprit une croisade libérale. On cessa d'égorger ou de vendre les enfants et les femmes des Grecs. La bataille

connu l'organisation féodale, joué depuis Pierre-
le-Grand le rôle qui s'est révélé à Napoléon de-
bout sur les débris du moyen-âge dont la Révolution française avait jonché le sol de l'Europe.

Le peuple russe, en effet, s'épanouissant
tous les jours davantage au soleil de la civilisation, sous la conduite de maîtres auxquels
le *mediocribus esse* n'est pas permis, s'avance
avec un rare instinct de ses destinées vers l'accomplissement des projets que la Providence
semble avoir sur lui.

La France revenant à cette sage discipline
que le génie de l'Empereur avait imposée aux
principes qui avaient déterminé la chute de

de Navarin fut gagnée sous le pavillon français ; et les
Anglais, bon gré, mal gré, contribuèrent à cette victoire,
que leurs hommes d'Etat, en parlement, nommèrent ensuite *malencontreuse* *, mais qui sauva la vie de la Grèce et
l'honneur de l'Europe. »

* Untoward.

la féodalité, la France, elle aussi, paraît dis-
posée à suivre avec la conscience de ce qu'elle
fait, le chef que la Providence lui a donné, et
dans lequel et par lequel s'est révélé avec une
force nouvelle, tout ce que l'œuvre du grand
Napoléon renfermait de salut, de force et d'a-
venir pour les sociétés modernes.

Dans ces dispositions de la France, ne serait-
il pas plus simple, plus naturel et plus logique
de rechercher pour alliée cette nation pleine
de santé et de vigueur, à laquelle l'avenir paraît réserver un si beau rôle !

A l'occident la France, au nord et à l'orient
la Russie serviraient de point d'appui à cette
vieille Europe féodale qui chancelle et qui menace d'entraîner la société sous ses ruines.

Ce n'est pas son histoire seulement qui devrait éloigner la France de l'Angleterre ; c'est
la lèpre dont cette dernière est couverte, qui
devrait nous inspirer de la répulsion, car nous

périrons de sa contagion. L'Angleterre est semblable à cette femme empoisonnée au contact de laquelle on espérait voir succomber Alexandre-le-Grand.

N'oublions pas que ce n'est pas avec la vieille, mais bien avec la soi-disante jeune Angleterre que nous avons conclu un pacte, où nous sommes seuls de bonne foi. Or cette hypocrite jeune Angleterre des Palmerston, après laquelle viendront les chartistes, les *physical-force-men*, quel est son rôle sur le continent?

La France, rendue à la santé, à la vie, pourrait-elle, je ne dirai pas s'associer au rôle de cette Angleterre-là, mais seulement le tolérer?

Et si elle ne le peut pas, pourquoi se rendre solidaire d'une démarche où l'intérêt de l'Angleterre est seul en jeu?

Nous le savons bien, c'est au cri de *Byzance!* que s'est opéré l'étrange rapprochement dont nous sommes témoins. Nous viendrons bientôt

à examiner le sens de ce cri , et si nous avons
intérêt à le pousser en unisson avec « nos amis
les ennemis. »

VIII

VIII

Dans un ouvrage remarquable sur l'*Etat de la France à la fin de l'an VIII* (1800), nous lisons ce qui suit :

« Le moyen de changer et d'améliorer la nature des rapports entre la France et la Russie, de faire disparaître jusqu'aux motifs,

(1) In-8, Paris, chez Heinrics, rue de la Loi. Brumaire an IX.

jusqu'aux occasions de mésintelligence, est
extrêmement simple, et la France n'y mettra
certainement ni susceptibilité ni exigence :
tout ce qu'elle désire est dans l'intérêt de la
Russie autant que dans le sien.

« Que la Russie soit bien convaincue que les
véritables sources de sa prospérité et de sa
puissance sont dans son sein ; qu'elle ne laisse
pas à des facteurs étrangers les soins et les
profits de la culture de ses moyens de richesse,
qu'elle exporte elle-même ses produits et
importe les objets de ses besoins ; qu'elle mul-
tiplie ses produits, qu'elle accroisse sa popu-
lation : plus elle sera riche et puissante, moins
elle sera tentée de se mêler sans intérêt pour
elle aux vues d'un allié avide. Qu'elle acquitte
envers les Etats de l'Europe la dette de sa
récente civilisation, et qu'après avoir imité
l'exemple de leurs arts, elle leur donne celui
de la sagesse, de la modération, de la justice ;

qu'elle sente la nécessité de fonder le droit
public en Europe, non sur des débris dispersés,
non sur des regrets et des hypothèses, mais
sur les faits, sur les circonstances, sur les
forces réelles et relatives des Etats en les prenant tels qu'ils existent. Ces données sont le
seul droit sur lequel il soit possible de statuer :
tout le reste est extravagance et injustice.

« Alors l'empire russe aura un grand et
beau système fédératif, un juste et redoutable
système de guerre ; il ne verra pas la France
avec des yeux d'inimitié ; il maintiendra l'équilibre du Nord pendant que la France garantira
celui du Midi, et leur accord assurera celui de
l'univers entier. La gloire enfin du gouvernement russe sera de ne s'être mêlé aux dernières
querelles de l'Europe que pour en mieux
connaître la folie, pour s'en retirer à temps,
pour y mettre un terme, et de s'être placé,
moins d'un siècle après la civilisation de son

empire, au premier rang des fondateurs du
droit public, des bienfaiteurs de l'humanité et
des pacificateurs du monde. »

Ces vœux que nous croyons pouvoir avec
quelque raison attribuer à Bonaparte alors
Consul, ces vœux ont été presque tous réalisés
par la Russie, et le bon accord entre elle et
la France est plus possible et surtout plus
désirable que jamais.

Ecoutons encore M. Emile de Girardin, dans
un article sur l'*Isolement de la France* publié
le 8 octobre 1844.

« Entre nous et la Russie, dit cet écrivain,
s'il n'y a pas communauté d'efforts, s'il y a
éloignement, il n'en faut point chercher la
cause dans un antagonisme d'intérêts entre
les deux empires, antagonisme qui n'existe
pas, loin de là ! Il faut la chercher dans les
sentiments personnels des deux souverains
l'un à l'égard de l'autre ; un cabinet habile,

nous le croyons, s'il l'eût voulu fermement,
fût parvenu, sans de très-grandes difficultés,
à changer la nature de ces sentiments; mais,
depuis 1830, quel cabinet l'a seulement essayé,
quel cabinet a laissé entrevoir à la Russie le
désir de reprendre les négociations de 1828, et
de s'entendre avec elle sur la question d'Orient
et des traités de 1815, sur le remaniement
pacifique de l'Europe, en respectant tous les
droits légitimes, en faisant à toutes les natio-
nalités leur équitable part? — Aucun, il n'en
faut pas même excepter le ministère du
15 avril, auquel on a souvent prêté, à tort, une
politique qui était la nôtre, mais qui n'était
pas la sienne. Il n'y a malheureusement pas
lieu d'espérer qu'un désaccord déplorable qui
sacrifie à des préventions fâcheuses, qui pour
être réciproques n'en sont pas plus fondées,
les intérêts de deux grands pays et ceux de
l'Europe, ait une fin prochaine, car l'homme

d'Etat qui entreprendra de réconcilier les deux souverains et d'unir les deux peuples, est encore à naître, en France, au monde politique. Cependant, l'alliance de la France et de la Russie était incontestablement la seule qui pût accomplir pacifiquement de grandes choses! Le roi Louis-Philippe l'avait bien compris lorsqu'il s'empressait d'écrire à l'empereur Nicolas le 19 août 1830 : « *La France aime à voir dans la Russie son allié le plus puissant.* » Si cette alliance est indéfiniment ajournée, c'est moins à la révolution de juillet en elle-même qui a mis une dynastie sur le trône à la place d'une autre, qu'il faut s'en prendre, qu'à l'insurrection de la Pologne, à M. de Talleyrand et à ses disciples, aux idées fausses et aux discours violents des chefs de l'opposition, dont la foi en l'alliance anglaise était si aveugle pendant les premières années qui suivirent celle de 1830, qu'ils eussent

certainement demandé la mise en accusation
du ministère qui n'aurait pas partagé leur
confiance. »

IX

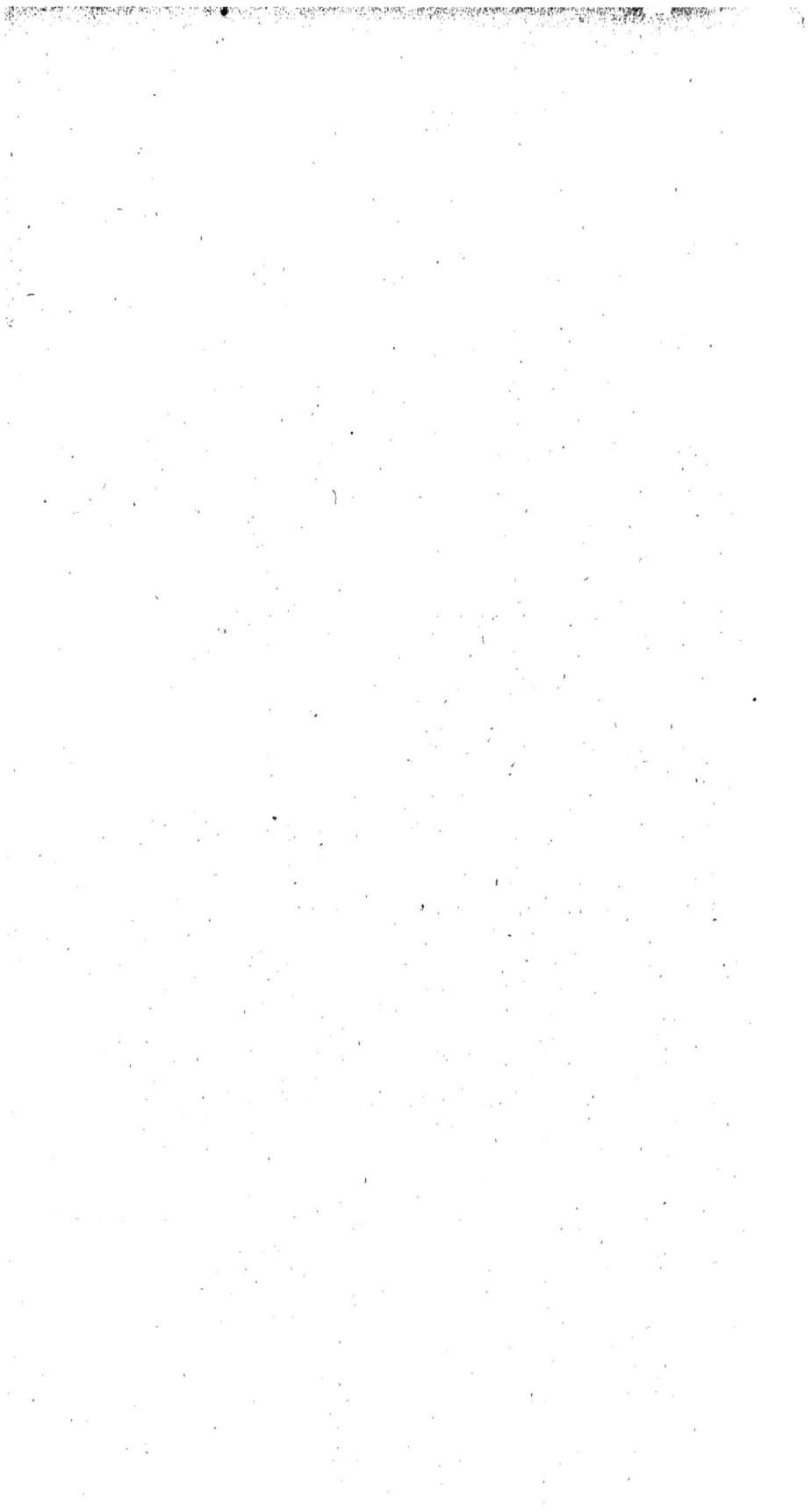

IX.

On le voit, nous ne sommes ni le premier ni
le seul à désirer une entente cordiale qui assurerait la paix du monde, et rendrait à la cause
de la civilisation et à celle du christianisme, en
Asie, des services incalculables.

Cependant, tout en reconnaissant que l'Empereur de Russie s'est abstenu de toute inter-

vention directe dans les affaires d'Occident,
depuis 1830, ce n'est pas seulement au titre
de la propagation de la foi en Asie, que les
projets politiques de la Russie nous paraissent
dignes de nos sympathies; tous les hommes
sérieux de l'Occident ont un motif bien plus
grave encore de tourner les yeux vers Saint-
Pétersbourg, et ce motif, c'est l'anarchie religieuse et sociale qui mine l'Allemagne.

Nous avons sous les yeux une œuvre remplie
à cet égard des plus tristes révélations, c'est
L'ALLEMAGNE ET LES ALLEMANDS (1), par *Her-
mann Ewerbeck* (2), l'œuvre d'un énergumène,
il est vrai, mais qui n'en offre pas moins un mi-
roir fidèle de l'Allemagne telle que les Hégé-
liens travaillent à la former.

(1) Paris, 1851, Garnier frères, Palais-National.
(2) Auteur de *Qu'est-ce que la Religion*, *d'après la nouvelle philosophie allemande*.
Et de *Qu'est-ce que la Bible*, *d'après la philosophie allemande ?*

Cet abominable ouvrage, dont une presse française s'est souillée, nous montre en Allemagne l'athéisme qu'il prêche comme faisant des progrès incessants. Si M. Ewerbeck admire (p. 546) Gœthe et Schiller, c'est parce que dans leurs écrits ils relèvent contre (1) le mauvais côté du christianisme, le bon côté du paganisme. Digne et écrasante réponse, dit-il, à l'adresse de nos ennemis perpétuels, qui ne voient dans le christianisme que le bien, et qui ne trouvent au paganisme que le mal. Il va sans dire que le christianisme officiel n'existait plus pour Schiller et Gœthe. Quant à ce dernier, il a dit : *Il y a quatre choses au monde que je déteste également : le tabac, le son des cloches d'église, les punaises et le christianisme.* En revanche, il avait beaucoup de

(1) M. Ewerbeck, né à Dantzig, en Prusse, est néanmoins *citoyen français*, comme il l'assure au bas de la préface de son livre écrit en français.

sympathie pour le côté poétique du judaïsme, de l'islamisme et du paganisme grec.

(P. 549). A propos de Gaspard Hauser, notre auteur dit : « Que le professeur Daumer, philosophe distingué, et ennemi juré de toute religion révélée, s'occupa de son éducation. »

« Gotthold Ephraïm Lessing, que les *insipides croyants* de nos jours voudraient nous faire passer pour un croyant, à cause de certaines expressions un peu équivoques, a été au fond un des plus implacables ennemis des Eglises catholique, protestante, juive, mahométane. Il a travaillé toute sa vie avec un zèle admirable à ébranler leurs bases, seulement il était prudent, comme on le voit dans une lettre devenue célèbre, qu'il écrivit à son frère : « Tu comprends mal ma conduite à l'égard de la « vieille foi orthodoxe. Comment, tu ne sais « pas encore que mon seul but est d'instruire « les gens à penser raisonnablement sur les

« choses religieuses? Tu ne t'aperçois pas, ce
« semble, que ma manière diffère quelquefois
« de celle des autres. Vois-tu, c'est que je
« n'aime point à garder un temps indéterminé
« l'eau sale, dont certes on ne peut plus se ser-
« vir; mais je veux qu'on ne la verse pas avant
« de savoir où prendre une eau moins sale.
« Sais-tu ce qui arriverait? *La vieille ortho-*
« *doxie, c'est une eau sale; la théologie mo-*
« *derne, c'est pis encore, c'est une mare de fu-*
« *mier, et je veux qu'on ne soit pas forcé à bai-*
« *gner les enfants dans celle-ci, après avoir*
« *jeté l'eau sale, sans s'être procuré l'eau pro-*
« *pre* (1). »

(P. 561.) « Kant a le mérite immortel d'a-
voir ébranlé jusqu'au fond les idées fixes sur la
Divinité. »

Arrivant à Hegel, notre auteur dit : « Que la

(1) Si Lessing vivait n'en dirait-il pas autant de la
philosophie allemande moderne?

jeune école de ce philosophe se propagea avec
rapidité, favorisée par le gouvernement prus-
sien, qui s'était laissé tromper par le côté
faible et en quelque sorte réactionnaire de
Hegel (1). Nous allons voir quels fruits funestes
son école a produits.

(1) Kant, de son côté, a dit :

« L'origine de la puissance suprême est impénétrable
et le sujet ne doit pas raisonner sur cette origine comme
sur un droit controversé par rapport à l'obéissance qu'il
lui doit. Qu'un contrat de soumission civile ait eu lieu
comme un fait, ou que le pouvoir ait précédé et que la
loi soit seulement venue ensuite, ou qu'il en ait dû être
ainsi, ce sont là pour le peuple des disputes vaines et téméraires, et néanmoins dangereuses pour la cité; car si
le sujet qui scrute maintenant cette dernière origine voulait résister à l'autorité existante, il devrait être puni ou
banni au nom des lois de cette autorité. Une loi qui est si
sainte, si inviolable, que c'est déjà un crime, dans la pratique, de la révoquer en doute, par conséquent, d'empêcher son effet pour un instant, est représentée de telle
sorte qu'elle n'est pas censée provenir des hommes, mais
de quelque législateur très grand, très intègre, très saint ;
et la force de sa maxime est : « TOUT MAGISTRAT VIENT
DE DIEU ; » laquelle énonce non pas *un principe historique*

« Strauss attaque l'orthodoxie cathólique et protestante à la fois. Dans la *Vie de Jésus*, il prouve qu'une grande partie des rapports évangéliques n'est qu'une fable, mais une fable inventée par l'imagination des chrétiens. Le résultat du livre de David Strauss est le coup le plus formidable, le mieux dirigé, et le plus impitoyable que l'Eglise chrétienne, soit catholique, soit protestante, ait jamais eu à subir. Cet ouvrage allemand, *qui a été dévoré par toutes les classes de l'Allemagne entière*, et qui est rédigé en plusieurs gros volumes avec une érudition admirable, a trouvé un traducteur français aussi savant qu'infatigable, dans la personne de M. Littré. Mais, *malheureusement*, cette traduction a excité en France beaucoup moins d'enthousiasme ; *et dans ce pays il n'y a*

de la constitution civile, mais une idée comme principe de raison pratique, savoir : qu'il faut obéir au pouvoir législatif actuel, quelle que puisse être son origine. »

point de femmes qui se soient donné la peine de

le lire, tandis que beaucoup de dames et de de-

moiselles de la bourgeoisie allemande ont fait une

lecture assidue de l'ouvrage de David Strauss.

En outre, les démocrates allemands (1) *ont eu*

***

(1) En voyant les abominables doctrines professées par les démagogues allemands, fils de la philosophie alle- mande, on ne peut assez admirer l'instinct prophétique avec lequel l'Empereur faisait la guerre aux idéologues. Il est bon du reste de placer à côté du poison dont nous constatons la présence, l'antidote composée par un ex- cellent esprit. M. Guizot, dans son livre, *De la Démocra- tie en France*, écrit :

« L'homme, ce n'est pas seulement les êtres indivi- duels qu'on appelle les hommes ; c'est le genre humain, qui a une vie d'ensemble et une destinée générale et progressive : caractère distinctif de la créature humaine seule au sein de la création.

« A quoi tient ce caractère ?

« A ce que les individus humains ne sont pas isolés ni bornés à eux-mêmes, et au point qu'ils occupent dans l'espace et dans le temps. Ils tiennent les uns aux autres, ils agissent les uns sur les autres par des liens et par des moyens qui n'ont pas besoin de leur présence per- sonnelle et qui leur survivent. En sorte que les généra-

soin de propager les idées anti-cléricales et anti-
despotiques de ce livre au milieu de la classe des
travailleurs, à l'aide de petites éditions abré-

tions successives des hommes sont liées entre elles et
s'enchaînent en se succédant.

« L'unité permanente qui s'établit et le développement
progressif qui s'opère par cette tradition incessante des
hommes aux hommes et des générations aux générations;
c'est là le genre humain ; c'est son originalité et sa grandeur; c'est un des traits qui marquent l'homme pour la
souveraineté dans ce monde, et pour l'immortalité au
delà de ce monde.

« C'est de là que dérivent et par là que se fondent la famille et l'État, la propriété et l'hérédité, la patrie, l'histoire, la gloire, tous les faits et tous les sentiments qui
constituent la vie étendue et perpétuelle de l'humanité
au milieu de l'apparition si bornée et de la disparition si
rapide des individus humains.

« La république sociale supprime tout cela. Elle ne voit
dans les hommes que des êtres isolés et éphémères qui
ne paraissent dans la vie et sur cette terre, théâtre de la
vie, que pour y prendre leur subsistance et leur plaisir,
chacun pour son compte seul, au même titre et sans
autre fin.

« C'est précisément la condition des animaux. Parmi
eux, point de lien, point d'action qui survive aux individus et s'étende à tous. Point d'appropriation permanente,
point de transmission héréditaire, point d'ensemble ni de

*gées, compréhensibles pour tout le monde et à
bon marché.* »

« **Dans son ouvrage sur le** *dogme chrétien,*

progrès dans la vie de l'espèce ; rien que des individus
qui paraissent et passent, prenant en passant leur part
des biens de la terre et des plaisirs de la vie, dans la mesure de leur besoin et de leur force qui font leur droit.

« Ainsi, pour assurer à tous les individus humains la
répartition égale et incessamment mobile des biens et des
plaisirs de la vie, la république sociale fait descendre les
hommes au rang des animaux ; elle abolit le genre humain.

« Elle abolit bien plus encore.

« C'est l'impérissable instinct de l'homme que Dieu préside à sa destinée et qu'elle ne s'accomplit pas tout entière en ce monde. Naturellement, universellement, au
dessus de lui et au delà de cette vie, l'homme voit Dieu
et l'invoque, comme soutien dans le présent, comme es-
pérance dans l'avenir.

« Pour les docteurs de la république sociale, Dieu est un
pouvoir inconnu, imaginaire, sur qui les pouvoirs visi-
bles et réels, les puissants de la terre, se déchargent de
leur propre responsabilité dans la destinée des hommes.
En reportant ainsi, vers un autre maître et une autre vie,
les regards de ceux qui souffrent, ils les disposent à se
résigner à leurs souffrances, et s'assurent à eux-mêmes
le maintien de leurs usurpations. Dieu, c'est le mal, car
c'est le nom qui fait que les hommes acceptent le mal.

David Strauss démontre la nécessité intérieure du dogme chrétien de se dissoudre peu à peu

Pour bannir le mal de la terre, il faut bannir Dieu de l'esprit humain. Seuls alors en présence de leurs maîtres terrestres, et réduits à la vie terrestre, les hommes voudront absolument les jouissances de cette vie et la répartition égale de ces jouissances. Et, dès que ceux à qui elles manquent les voudront réellement, ils les auront, car ils sont les plus forts.

« Ainsi, Dieu et le genre humain disparaissent ensemble, et à leur place, restent des animaux qu'on appelle encore des hommes plus intelligents et plus puissants que les autres animaux, mais de même condition, de même destinée, et comme eux, prenant en passant leur part des biens de la terre et des plaisirs de la vie, dans la mesure de leur besoin et de leur force qui font leur droit.

« Voilà la philosophie de la république sociale, et par conséquent la base de sa politique. Voilà d'où elle émane et où elle conduit.

« Je ferais injure, en insistant, au bon sens et à l'honneur humain. Il suffit de montrer que c'est la dégradation de l'homme et la destruction de la société.

« Non seulement de notre société actuelle, mais de toute société humaine ; car toute société repose sur les fondements que la république sociale renverse. Ce n'est point d'une invasion de l'édifice social par des nouveaux venus. Barbares ou non, c'est de la ruine de cet édifice qu'il s'agit. »

et de périr. *David Strauss conseille, du reste,
à tout individu qui n'est pas encore mûr pour
le culte de l'intelligence et de la vertu pure, de
suivre la religion de l'Église!!* »

« Le philosophe bavarois, Louis Feuerbach,
a développé avec érudition et éloquence les
mêmes idées dans ses écrits de 1830; enfin, il
publia en 1841 son admirable ouvrage *Essence
du christianisme,* dans lequel il démontre que
toute la science humaine ne peut franchir les
limites de l'horizon humain, et que les dogmes
de toutes les religions et les idées de toutes les
métaphysiques dans l'antiquité, dans le moyen-
âge et dans l'époque moderne, doivent nécessairement être interprétés *d'une manière humaine;* en agissant autrement, vous tomberez
inévitablement soit dans les hallucinations, soit
dans la fourberie; en d'autres termes plus pré-
cis encore, vous aurez alors à choisir entre
crétins et *gredins.* Louis Feuerbach est encore

dans la fleur de l'âge ; universellement estimé ! et père de famille ; il vit dans une terre près Brouckberg , non loin d'Ansback , dans la Bavière septentrionale.

« · Le caractère spécial , on le voit bien , de toute la jeune école des *néohégéliens* ou Hégeliens *du progrès* était la critique, critique à mort , contre tous les préjugés religieux , moraux, artistiques, scientifiques, juridiques, administratifs , politiques et sociaux du parti réactionnaire de notre époque. Un des écrivains les plus illustres est Bruno Bauer, né à Berlin, ancien théologien-protestant et métaphysicien, plus tard l'HOMME DE LA CRITIQUE ATHÉE. Lui et son frère Edgar Bauer ont rédigé beaucoup d'écrits extrêmement remarquables , que le parti réactionnaire en Prusse N'A PAS EU TORT d'appeler *des haches de guillotine* et des *boîtes d'arsenic.* »

Ewerbeck nous raconte comment Arnold

9

Ruge, « persécuté par les mesures insolentes et perfides du despotisme allemand, déclare enfin ouvertement dans un journal qu'il fonde, la guerre à la Sainte-Alliance ; et son rédacteur en chef, après la suppression de la feuille, se rend avec le docteur Charles Mary à Paris, où ils publient, en 1844, une revue allemande intitulée : *Annales allemandes françaises*. Cette publication, *dont il n'y a eu que deux livraisons*, avait pour but de réunir des articles en langue allemande et en langue française, *pour associer les efforts des démocrates des deux côtés du Rhin, et pour faire connaître aux Français les travaux humanitaires des progressites de l'Allemagne moderne*. En même temps toute la littérature moderne de la France révolutionnaire se propagea dans les traductions en Allemagne, et fut avidement avalée *(sic)* malgré toutes les rigueurs de la diète de Francfort. »

« A Paris, la propagande démocratique avait

puissamment travaillé depuis les premières années de 1830 ; la police du réactionnaire Louis-Philippe *ne réussit pas à détruire la racine de la démocratie étrangère*, représentée à Paris par les efforts combinés de Louis Boerne, de Jacques Venedey et des docteurs Schuster, alliés avec les chefs français, italiens et polonais. Au milieu de tracasseries indicibles, il se forma à Paris la société secrète allemande des *Proscrits ;* mais bientôt elle se divisa en deux : la partie socialiste s'en sépara sous le titre de la société allemande des *Justes*, tandis que l'autre partie restait encore attachée aux principes bornés d'un patriotisme allemand purement politique et anti-socialiste.

« La société des *Justes* se composa presque exclusivement d'ouvriers allemands, suisses, et plus tard aussi de quelques ouvriers flamands, hongrois et scandinaves ; chaque membre devait posséder la langue allemande. Une

correspondance allemande très régulière fut
établie entre les frères allemands disséminés
en France, en Suisse, en Angleterre, en Hollande, etc. *Les principes socialistes de la société des Justes étaient dès le commencement
ceux du citoyen Cabet* (1). »

Notre auteur vante beaucoup « un jeune ou-
vrier tailleur du nom de Weitling :

« Imbu des maximes du plus pur communisme, et éclairé soit par la conversation avec
des chefs démocrates instruits, soit par ses
propres recherches, il réussit à écrire le système des *garanties de l'harmonie et de la
liberté*, qui a été traduit en français et en anglais. Réimprimé en Allemagne, il y fit une
propagande immense, et la Sainte - Alliance
avait beau faire des visites domiciliaires, visiter

_____

(1) Son *Voyage en Icarie* a été traduit en allemand
par l'auteur du présent livre, et imprimé à Paris quelques mois avant la Révolution de Février.

le bagage et les vêtements des voyageurs, confisquer tout exemplaire démocrate-socialiste, rayer impitoyablement toute phrase communiste dans les journaux : le communisme allemand se développa irrésistiblement comme un grand arbre de moutarde, né d'un petit grain, pour parler avec la parabole de l'Évangile. *Avant la fin d'une année, la majorité des ouvriers en Allemagne discutaient partout, dans leurs promenades, dans les cabarets et dans les ateliers*, LES PRINCIPES ÉTERNELS DU DROIT AU TRAVAIL, *de l'association, des impôts, de la famille, de la justice distributive, etc.* »

X

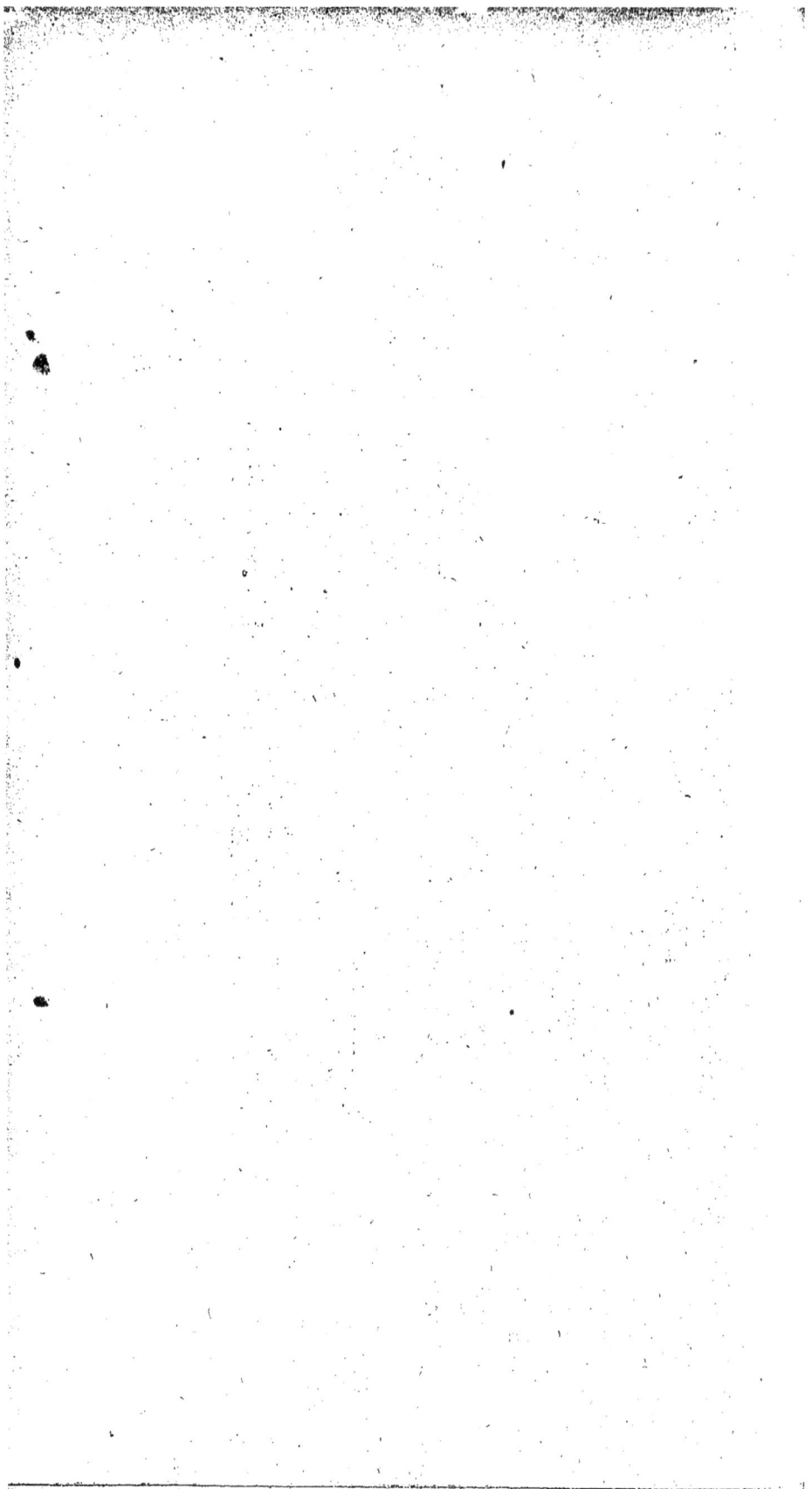

X

Nous le demandons, en présence d'une pareille anarchie religieuse, morale et politique, serait-ce trop de l'accord de la Russie et de la France pour préserver l'Europe d'un danger qui menace de la replonger dans la barbarie ?

Et qu'on n'aille pas croire qu'en Allemagne il n'y ait que les démagogues à mettre à la raison ; les princes allemands méritent des aver-

tissements sévères ; car leur conduite est cause,
en grande partie, de l'état déplorable de la société allemande. Ce n'est sûrement pas l'Angleterre qui deviendra l'arbitre dans cette question. Il n'y a que deux puissances continentales comme la Russie et la France qui puissent
dans cette occurrence opérer efficacement le
bien.

Nous n'avons pas de conseils à donner au
gouvernement français sur le danger manifeste
qu'il court en laissant fraterniser la démagogie française avec l'allemande ; mais il est certain qu'elle a, pour ce qui concerne le salut de
l'Europe, les mêmes intérêts que la Russie à
arrêter la propagande athée de la philosophie
allemande moderne, et à morigéner les mauvais gouvernements qui en favorisent le développement, faute de donner à leurs peuples une
nourriture saine, un aliment convenable pour
leur activité.

Qu'on y songe bien, les gouvernements allemands ont triomphé de la Révolution en 1830
et en 1848 ; mais il est fort à craindre qu'un
nouveau mouvement — et que fait-on pour le
prévenir ? — ne devienne fatal aux trônes,
comme à la société.

Il s'agit bien de Turcs, ma foi ; nous avons la
barbarie non pas à notre porte, mais chez
nous, au milieu de nous ; elle est là qui se pro-
page tous les jours , — nous venons de l'entendre, — sous prétexte de philosophie , dans
toutes les classes de la société. Nos villes
brûlent, nos campagnes sont infestées d'une
mortelle contagion, et c'est le sort de Byzance
qui seul nous préoccupe !

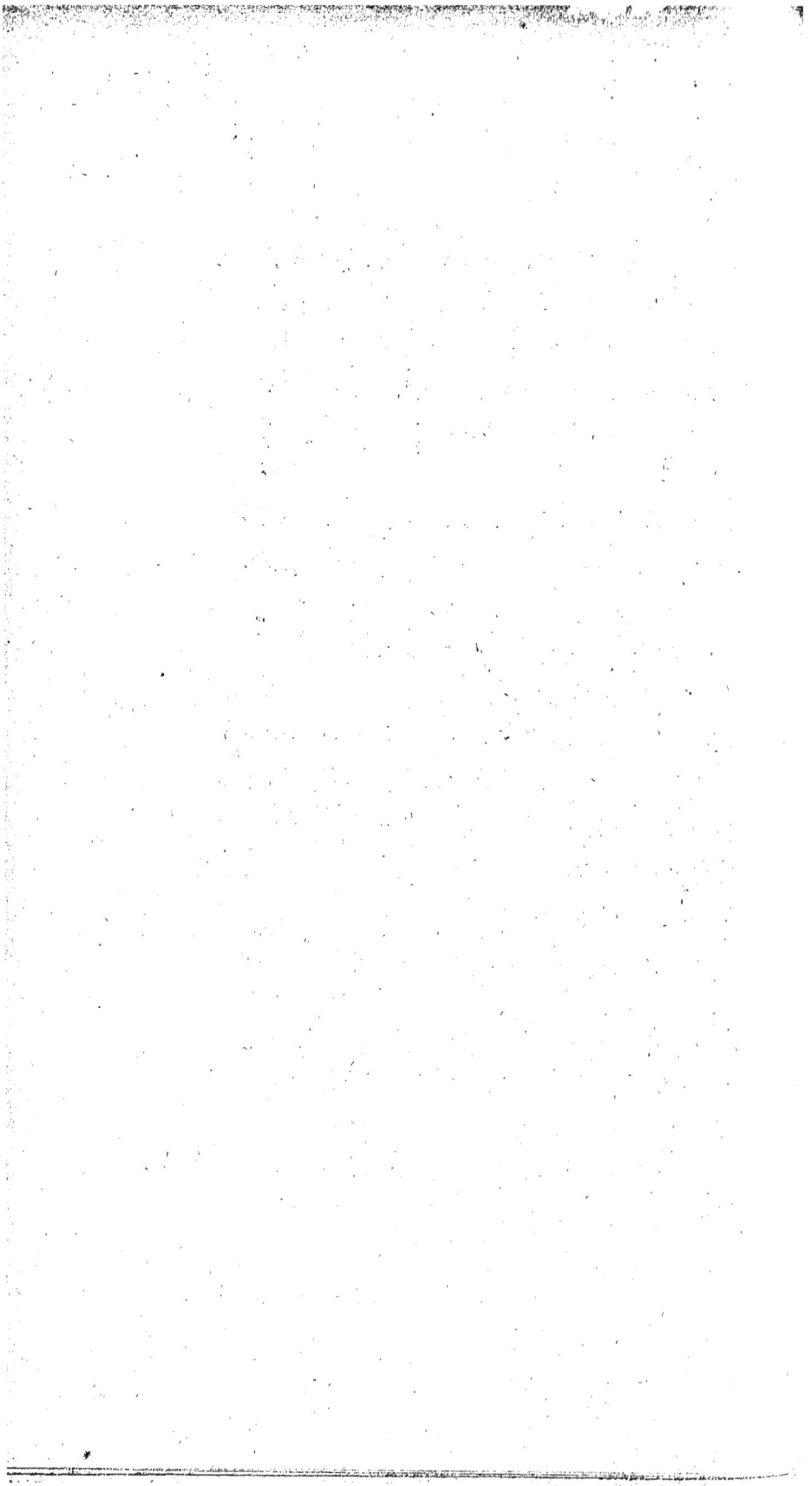

XI

XI

Est-il bien raisonnable d'admettre que le sort de l'Empire turc nous touche de si près, le sort d'un empire qui ressemble à un cadavre oublié sur le champ de bataille des luttes entre la Croix Européenne et le Croissant Asiatique?

C'est au nom de Rome que l'on entend aujourd'hui plaider la cause de la Turquie contre la Russie *schismatique*, comme il est convenu de le dire.

Si nous laissons de côté la question purement théologique, nous ne voyons pas pourquoi le christianisme ne pourrait pas se propager dans l'Asie par Eglise grecque, aussi bien que par l'Eglise latine ?

On nous a peint comme une monstruosité cette organisation de l'Eglise grecque par Pierre-le-Grand, organisation au sommet de laquelle nous trouvons le Czar lui-même ; mais Pierre-le-Grand n'est-il pas justifié dans ce qu'il a fait, lorsqu'on songe aux empiétements de Rome, qui ont provoqué chez nous la création et le maintien du gallicanisme et de ses garanties? Ensuite, n'était-il pas sage, de la part du réformateur, de ne pas laisser subsister ces embarras, que l'omnipotence cléricale oppose aux progrès les plus impérieux?

Qu'est-il advenu de l'Espagne, pour avoir

confié à Rome la clef de sa maison, tandis que l'Angleterre et la Hollande lui arrachaient pièce à pièce son manteau royal?

Richelieu a-t-il, pour conduire sa politique, demandé conseil à Rome?

Pierre-le-Grand a pensé qu'il devait s'affranchir de la tutelle des patriarches, et nous ne pensons pas que lui ou ses successeurs se soient trouvés mal de cette sage politique (1).

Nous croyons que la question du schisme

(1) Citons à ce sujet les paroles de l'Empereur à M. de Narbonne, rapportées par M. Villemain :

« N'avez-vous donc pas les anciennes traditions de vos Parlements, l'esprit de résistance aux empiétements de la cour de Rome, l'esprit de Bossuet? Voyez Louis XIV avant sa vieillesse et sa dévotion; quel ton il a pris avec Rome! de quel air il a soutenu son ambassadeur et comme il a maîtrisé un pape non moins obstiné que le mien! Songez que, sans rien changer au dogme, je pourrais finir tout ce bruit par la création d'un patriarche. Le Czar de Russie ne se trouve pas mal, je crois, d'avoir un saint synode sous sa main : et cela ou quelque chose d'analogue peut convenir encore mieux à l'état avancé de la France. »

doit rester complètement étrangère à ce débat, qu'il embrouille inutilement. Le côté religieux de la question d'Orient a d'ailleurs été placé sous son véritable jour dans une brochure dont nous avons à nous occuper.

XII

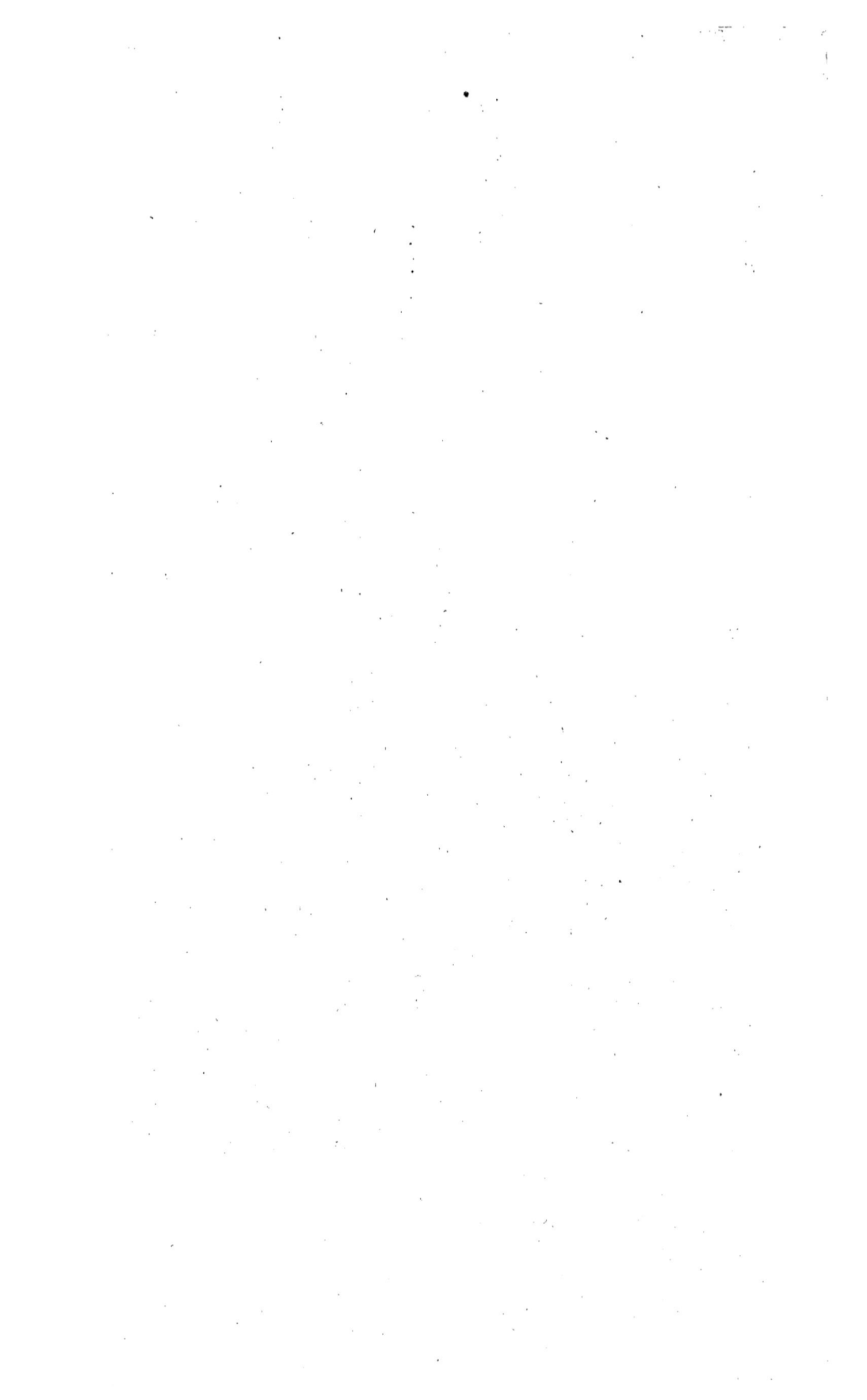

XII

La presse a parlé ces jours derniers
d'une LETTRE SUR L'ÉTAT DE LA TURQUIE *et la
crise actuelle* (1), publiée dans le courant de
ce mois, et dans laquelle nous remarquons
les passages suivants :

« On égare l'opinion publique toutes les fois
que l'on veut appliquer à l'Orient des théories

(1) In-8, Paris, Borrani et Droz, novembre 1855.

fondées sur les principes du droit international
européen. On ne fait et l'on ne peut faire en
Orient que ce qui est en rapport avec l'état
politique, religieux, administratif, commercial,
géographique et historique de cet empire. On
a pu apprécier par leur effet même la valeur
de ses tentatives de réforme. Est-ce la misère
et l'abrutissement des catholiques de cet empire qui y attire la sollicitude et les sacrifices
de toute nature de la France en faveur de ses
populations catholiques? Mais en Irlande il y a
sans contredit plus de misère et plus d'abrutissement, et cependant il n'y a ni mission-
naires, ni écoles, ni églises, protégés par la
France ; ce n'est donc ni la misère ni l'abrutissement des Orientaux, c'est l'oppression musulmane seule qui explique et justifie les nobles
efforts du gouvernement français, résultats de
l'esprit chevaleresque de ses anciens rois, en
faveur des catholiques opprimés dans l'Orient ;

aussi y renonce-t-on dès qu'un état chrétien remplace le gouvernement turc dans une partie de cet empire. *Mais, d'autre part, est-il généreux, pour ne pas dire seulement équitable, de livrer à la merci des Turcs, comme on prétend le faire, la foi religieuse de la grande majorité des populations chrétiennes de cet empire, par cela seul que ces populations, fidèles à la foi de leurs pères et à l'esprit d'indépendance de leur Église nationale, n'ont jamais voulu se courber sous le sceptre du pape, à l'époque même de l'apogée de sa puissance, et lorsque tout l'occident s'habituait progressivement à voir dans l'évêque de Rome le vicaire du Christ et le dispensateur des royaumes de ce monde.*

« C'est là un point sur lequel je ne saurais trop insister, un point qu'on a totalement perdu de vue en occident, où l'opinion publique, au lieu de voir dans les démarches de la Russie en faveur de l'église d'Orient, ce qu'elles ont été en effet, c'est-à-dire une œuvre exclusivement chrétienne, et qui devait à ce titre mériter les sympathies de toute la chrétienté, sans exception des rites, s'est laissé abuser par je ne sais quels dangers imaginaires résultant de la prépondérance politique et des agrandissements territoriaux ambitionnés par la Russie; fantôme menaçant dressé par la malveillance pour effrayer les imaginations et dénaturer les véritables intentions de cette puissance, ET LE RÔLE PROVIDENTIEL QUE SES DESTINÉES L'APPELLENT A REMPLIR EN ORIENT. »

XIII

XIII

Il y aurait mauvaise foi à vouloir méconnaître que c'est là le véritable point de vue auquel il convient d'envisager le côté religieux de la question d'Orient. L'auteur de la brochure n'est pas moins heureux en posant la question politique sur son véritable terrain.

« On sait que les réformes de la Turquie

lui ont été imposées par ses désastres successifs,
par la rébellion permanente des pachas et des
janissaires : au point où en étaient les choses,
il n'y avait plus d'autre salut possible. Aussi
ces réformes furent-elles entreprises avec
audace et succès sous le coup d'un désastre
nouveau de la révolution grecque. Mais
*l'abaissement de l'orgueil ottoman vis à vis
de l'Europe avait été l'œuvre de la Russie.*
L'Occident nous applaudissait lorsque l'hé-
roïsme de nos armées et des torrents de sang
russe rendaient l'Osmanli plus traitable,
lorsque nous allions, non pas solliciter des
capitulations, mais imposer nos glorieux
traités pour ouvrir au commerce des nations
tout un monde nouveau qui avait attiré le
génie commercial de la Grèce, dès l'époque de
l'antiquité fabuleuse, et que les conquérants
ottomans avaient soigneusement fermé pour
n'y faire d'autre trafic que celui de la chair

humaine. Dévastés par les incursions des Ta-
tars qui, à leur tour, peuplaient leurs harems
de la Crimée au moyen de troupeaux d'esclaves,
après chacune de leurs excursions en Pologne,
en Russie et en Hongrie, ces provinces sont
devenues entre nos mains le principal grenier
de l'Occident et de la capitale même des sul-
tans. Le *Times*, ce grand avocat du génie
mercantile, en conjurant les dangers imaginaires qui menacent les principautés et en
prêchant la croisade pour soustraire le Danube
à la domination russe, calcule le nombre de
cargaisons de céréales que l'Angleterre tire tous
les ans de ce fleuve, qu'il nous accuse de
vouloir fermer. Mais il oublie de dire à qui est
due l'ouverture du Danube, inconnu dans le
commerce avant 1829. Quel autre des grands
états européens peut se vanter d'avoir rendu des
services plus signalés à la cause commune de la
civilisation, soit en ouvrant de plus vastes

champs au commerce et à l'agriculture, soit en
domptant les élans sauvages d'une nation aussi
redoutable qu'elle était ennemie de tout progrès, de toute idée libérale et généreuse? *Ce
fut l'œuvre séculaire et providentielle de la
Russie, et nos conquêtes morales et maté-
rielles en Orient sont, sans contredit, le plus
beau fleuron de la couronne impériale.* On s'est
ému en 1829 de nos progrès. On a craint
pour Constantinople. C'est là cependant,
presque sous les murs de la capitale, qui
allait se livrer sans défense à nos aigles, que
la Russie a dicté au Sultan une paix généreuse;
le reconnaissance de l'indépendance du nouvel
Etat grec, que ni le traité de Londres, ni la
leçon de Navarin, ni l'expédition française de
la Morée, n'avaient pu imposer à l'obstination
du Sultan; l'organisation actuelle des principautés danubiennes et l'ouverture du fleuve
qui a créé une ère nouvelle de prospérité pour

les pays riverains, depuis la Bavière jusqu'au
bord de la Mer Noire : une indemnité pour les
marchandises confisquées à nos nationaux,
durant tout l'intervalle de la paix, et une indemnité de guerre, qui était loin sans doute
d'en couvrir les frais, mais qui était en rapport
avec les ressources financières du vaincu : et
enfin la renonciation du sultan à son droit de
souveraineté sur les montagnards du Caucase,
droit qui se réduisait en réalité au commerce
des esclaves et à la propagande du brigandage
caucasien sur nos frontières. Le seul art. 8
du traité d'Andrinople, relatif aux immunités
du commerce russe, aurait pu susciter dans
son exécution des embarras à l'administration
intérieure de la Porte. On a vu, depuis, la
modération de la Russie à ce sujet et son ab-
stention en faveur des droits de souveraineté
du Sultan, modération poussée jusqu'à signer
en 1844 le nouveau traité de commerce, qui le

premier accorde au gouvernement turc le droit
inhérent à son Etat indépendant, de faire chez
lui la police du commerce pour rendre efficace
et exécutable le droit de patente. Ni la France,
ni l'Angleterre, ces chaleureux champions des
droits souverains du Sultan, n'ont encore accédé
aux sollicitations de la Porte à ce sujet. L'o-
pinion publique de l'Occident, étonnée de notre
modération à la paix d'Andrinople, se refusait
longtemps après à croire à l'exécution de ce
traité de notre part, à l'évacuation successive
des forteresses, à la retraite de nos armées des
principautés du Danube. L'empereur cependant concédait plus tard à la sollicitation du
Sultan le quart de l'indemnité de guerre, et
bientôt après il sauvait l'empire ottoman d'un
danger imminent de dissolution, et préservait
tout l'Orient d'une série de bouleversements,
dont personne n'était plus à même de profiter
que la Russie, si la Russie eût convoité de

nouvelles conquêtes, ou une activité nouvelle en Orient. »

« Le règne du Sultan actuel a été inauguré par un acte public dont on a beaucoup parlé dans le temps, et dont les conséquences, assez problématiques d'abord, ont cependant précisé la valeur et la portée. L'opinion publique en Occident, émue de la solennité des formes et de l'appareil avec lequel un souverain et tous les membres de son gouvernement prêtèrent serment d'observer la loi, de réprimer les abus du passé et d'accorder aux populations le bien-fait de l'égalité devant la loi, crut à accomplissement d'une grande et heureuse réforme, au commencement d'une ère nouvelle en Orient. Des publicistes, frappés par les dehors d'une cérémonie imposante, crurent voir dans l'acte de Gulhané un pacte constitutionnel entre le souverain et la nation. On perdait entièrement de vue dans ces analogies erro-

11

nées, dans ces fausses applications des termes
mêmes de l'Orient, qu'en Turquie il y a bien
un souverain descendant des premiers conquérants et de quelques apostats; il y a des races
conquises qui gardent le dépôt de la foi et
grandissent dans l'abjection et dans la haine
de leurs maîtres, mais certes il n'y a pas de
nation. *Tous ceux qui connaissent les hommes
et les choses de l'Orient ne purent voir dans
l'acte de Gulhané qu'un aveu public et solen-
nel de la faiblesse de la part du gouvernement
vis à vis des peuples conquis, d'impuissance à
l'égard même de la race dominante, et qu'un
complot des ministres et des grands dignitaires,
qui profitaient de la jeunesse et de l'inexpé-
rience du nouveau Sultan pour se soustraire à
l'arbitraire du chef de l'État, maître absolu
jusqu'alors, d'après les principes dominants
de la législation mulsumane, de la vie et de la
fortune de ses serviteurs.*

« Un pacha, un ministre, un régisseur des
impôts, sous l'ancien système, pouvait pressurer
ses administrés, s'engraisser à leurs dépens et
voler le trésor; mais à son tour il devait rendre
gorge, et le produit de ses rapines, un jour ou
l'autre, au plus tard à sa mort, car le Sultan
était de droit l'héritier de tout employé de
l'Etat, allait grossir le trésor du Sultan, qui
était en même temps celui de l'Etat.

« Les résultats palpables et certains de ce
qu'on a appelé alors l'acte de Gulhané le *Tan-
zimat-haïrié*, ou plus pompeusement encore la
Charte de l'Empire ottoman, ont pleinement
justifié cette théorie. Pourquoi à l'heure qu'il
est, et après quatorze années d'une fructueuse
et si peu efficace application de ces magnifiques
promesses, le raya d'un bout de l'Empire à
l'autre soupire-t-il après les dernières années
du règne de Mahmoud, seule ère pour lui de
tolérance et de prospérité pratique? On ne pro-

clamait rien cependant à cette époque, on ne
promettait rien ; mais le génie administratif du
souverain, libre lui-même à l'égard de son administration, suffisait à la tâche, et la vraie
tâche du souverain en Turquie est de défendre
le raya contre les vices de l'administration et le
despotisme de la race conquérante. Pourquoi,
d'autre part, les Turcs eux-mêmes, depuis le
pacha jusqu'au porte-faix, déplorent-ils aujour-
d'hui l'avilissement de l'État, et déplorent-ils
l'époque de Mahmoud comme l'apogée de la
gloire et de la puissance musulmane ? On sait
cependant que Mahmoud avait été deux fois
vaincus par les Russes, en 1812 et 1828 ;
qu'une poignée de rayas rebelles, les Hellènes,
avaient secoué le joug ; que sa flotte avait été
détruite à Navarin ; qu'un pacha rebelle, après
lui avoir arraché une vaste province, s'était
avancé victorieux et détruisant les armées de
son souverain jusqu'aux abords de la capitale,

et qu'il n'en fut chassé que par les armes des ghiaours. Le règne d'Abdoul-Medjid est comparativement une époque de réparation ; cependant, loin d'alimenter l'orgueil et la peur, ces deux puissants ressorts de la grandeur ottomane, loin d'inspirer sympathie et sécurité, il ne produit qu'une prostration générale, un découragement fatal et des malédictions universelles de la part des administrateurs et des administrés contre le *Tanzimat* et contre ces beaux principes de Gülhané, restés lettre morte partout ailleurs que dans l'essence même du pouvoir qu'ils ont paralysé, en accordant de fait le privilége de l'impunité à tous les abus de ses agents. *Ce grand principe de l'égalité des sujets devant la loi, qui figure si bien sur le papier, comment l'appliquerait-il en présence de la loi en vigueur qui n'admet pas le témoignage et le serment du plus respectable chrétien, en présence d'une simple assertion du plus misé-*

rable et du plus dépravé d'entre les musulmans?
Pense-t-on à tout ce que cette loi entraîne avec
elle, aux haines qu'elle amasse, aux spoliations
et aux ruines qui en sont la conséquence? »

A la suite de cette appréciation remarquable,
écrite évidemment en connaissance de cause,
l'auteur passe en revue l'état des finances
turques, les malversations des fonctionnaires
turcs. Nous recommandons fortement ce qu'il
en dit aux méditations du *Pays* et du *Siècle*, si
préoccupés de la fondation d'un crédit turc, de
la négociation d'emprunts turcs.

XIV

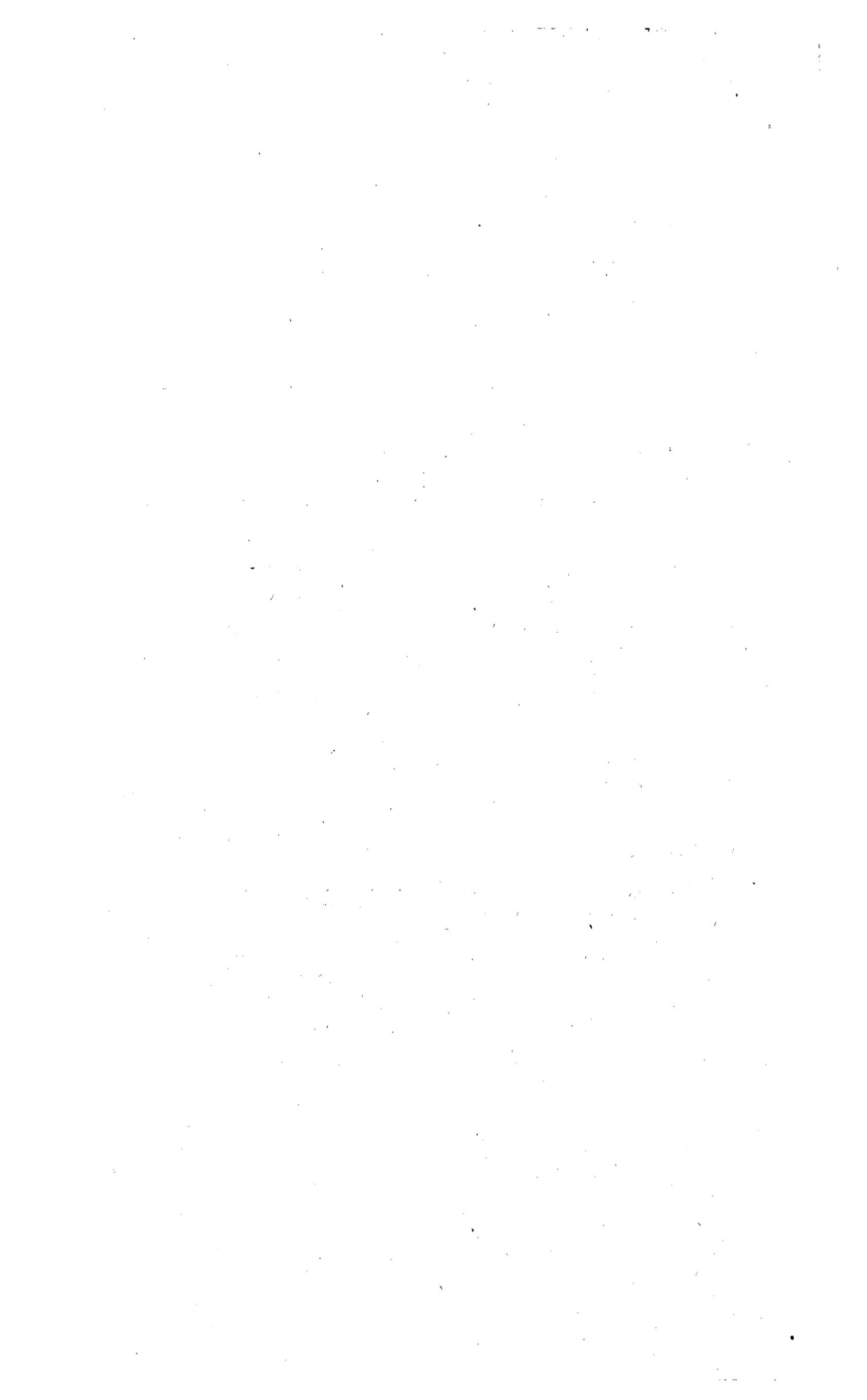

XIV

La seule réponse sérieuse que l'on ait faite à
la brochure dont nous venons d'extraire les
passages fondamentaux, se trouve dans le dernier opuscule de M. de Girardin : « *Solutions
de la question d'Orient* (1). » Malheureusement aux assertions de l'auteur de la « *Lettre*

(1) In-8, Paris, Borrani et Droz, novembre 1853.

sur l'état de la Turquie, » M. de Girardin se contente d'opposer d'autres assertions dont la plupart portent un cachet évident d'exagération pour ne pas dire de mauvaise foi. M. de Girardin va jusqu'à citer les fables débitées dans les feuilles quotidiennes, et entre autres (p. 24) cette lettre de Bucharest qui rapporte l'exécution de plusieurs soldats polonais pour avoir refusé de marcher à la défense de la foi orthodoxe !

M. de Girardin se donne un mal infini pour chercher une solution à la question d'Orient à travers le dédale construit par la diplomatie. Il groupe en tête de ses paragraphes les opinions de tous les hommes publics de valeur sur la question d'Orient, puis au beau milieu de son travail il s'écrie : Que faut-il penser de ces étranges revirements et de ces inqualifiables contradictions? — Ce qu'il faut en penser, répond-il, c'est que la diplomatie, naviguant sans boussole, erre au gré des événements. Elle n'a pas de principe et elle n'a plus de politique.

On comprend aisément que tous les paragraphes consacrés par M. de Girardin à l'historique de la question d'Orient ne sont que des hors-d'œuvre, des intermèdes pour arriver à sa conclusion à lui.

Le passage le plus curieux de son livre se trouve dans les quatre dernières lignes :

« Finalement, la solution que je propose se résume en ceci :

« Elever la question d'Orient pour la simplifier, la simplifier pour la résoudre. »

Personne plus que nous ne saurait être de l'avis de M. de Girardin, qu'il faut élever la question d'Orient pour la simplifier, et la simplifier pour la résoudre, et la preuve c'est que notre travail actuel n'a d'autre but; mais la brochure de M. de Girardin l'atteint-elle ?

Faute de pouvoir être le médecin de la France,
M. de Girardin veut l'être de la Turquie, ou
d'ailleurs; car, semblable au médecin de Mo-
lière, « il ne lui importe; il lui faut un malade
et il prendra qui il pourra. » Et effectivement
la cure qu'il propose ressemble fort à ce traite-
ment violent que l'on veut faire subir à M. de
Pourceaugnac.

M. de Girardin ne veut pas seulement que
les puissances dictent la loi à la Turquie (p. 81),
mais encore qu'elles lui imposent *son* opinion,
sa solution.

Que le gouvernement, s'écrie-t-il, ne soit
plus en Russie que ce qu'il doit être, que ce
qu'il sera partout en Europe dans un avenir
rapproché.—*Une assurance contre des risques
spécifiés.*

M. de Girardin, qui prétend élever la question pour la simplifier et la résoudre, dit :

« Avec des voies de communication et du

bon papier de circulation, ce à quoi le Koran ne fait nul obstacle, la Turquie changerait de face et d'esprit. L'intolérance religieuse ne tient pas longtemps contre l'activité commerciale. Partout où apparaît celle-ci, disparaît celle-là. *Fidèles* et *schismatiques* sont deux mots de l'ancien vocabulaire qui ne tardent pas à céder la place à ces deux mots du vocabulaire moderne : *créditeurs* et *débiteurs*. Il n'y a pas de foi qui ne s'adoucisse au contact du crédit. »

L'histoire de la Hollande déchirée par des querelles religieuses alors qu'elle avait et des voies de communication et du bon papier de circulation joint à une activité commerciale sans rivale ; l'exemple contemporain des Etats-Unis où les sectes fourmillent et où l'opinion religieuse domine fort heureusement la question du débit et du crédit, seraient là pour prouver combien M. de Girardin est peu dans le vrai ; mais est-ce là élever cette grande question d'Orient que de la réduire aux proportions d'une question de débiteurs et de créditeurs ? Nous ne le pensons pas. La civilisation religieuse, la civilisation chrétienne, doivent précéder en Orient le développement matériel; vouloir chercher une solution à la question sur un autre terrain, c'est méconnaître la loi de développement de l'humanité.

« Assurément, dit encore M. de Girardin, en matière d'institutions politiques, la Turquie est en retard sur l'Angleterre et sur la France; mais qu'importe également ce retard, si elle en doit également profiter pour atteindre d'un seul bond et tout de suite le but auquel ces deux pays ne sont arrivés qu'au prix de plusieurs révolutions?

« Y a-t-il lieu de regretter que la Turquie n'ait pas emprunté à l'Angleterre et à la France leur régime parlementaire, lorsqu'on voit ce régime détruit en France, menacé en Espagne

et en Portugal, et sinon partout ébranlé, partout énervé, même en Angleterre?

« Le régime despotique, c'est la volonté
d'un seul qui fait la loi et qui décrète l'impôt.

« Sous le régime numérique, c'est le vote
de la majorité qui détermine l'impôt et fait la
loi.

« Sous le régime économique, l'impôt s'é-
tablit de lui-même par sa nécessité démontrée,
par son équité rigoureuse, et la loi n'est plus
que l'exacte application du principe de réci-
procité enseigné dans toutes les écoles, gravé
dans toutes les mémoires, vérifié par toutes les
intelligences. L'éducation populaire prend la
place de la réglementation arbitraire.

« La Turquie peut passer du régime despotique au régime économique sans s'arrêter au
régime numérique ou parlementaire ; ce sera
pour elle tout avantage : temps gagné et périls
évités. »

Voilà une solution économique pour la question d'Orient; on le voit, M. de Girardin n'est pas en peine de solutions, et la seule à laquelle il ne s'arrête pas, la religieuse, est en même temps la plus probable et celle dont les résultats nous paraissent devoir être les plus féconds. Et pourquoi en chercherions-nous une autre à cette question d'Orient, lorsque, au milieu de l'anarchie politique et sociale où nous vivons, une solution religieuse des questions qui nous agitent est la seule à laquelle l'homme raisonnable puisse s'arrêter lorsqu'il en cherche une aux complications innombrables qui obscurcissent l'horizon politique et social de l'Occident !

XV

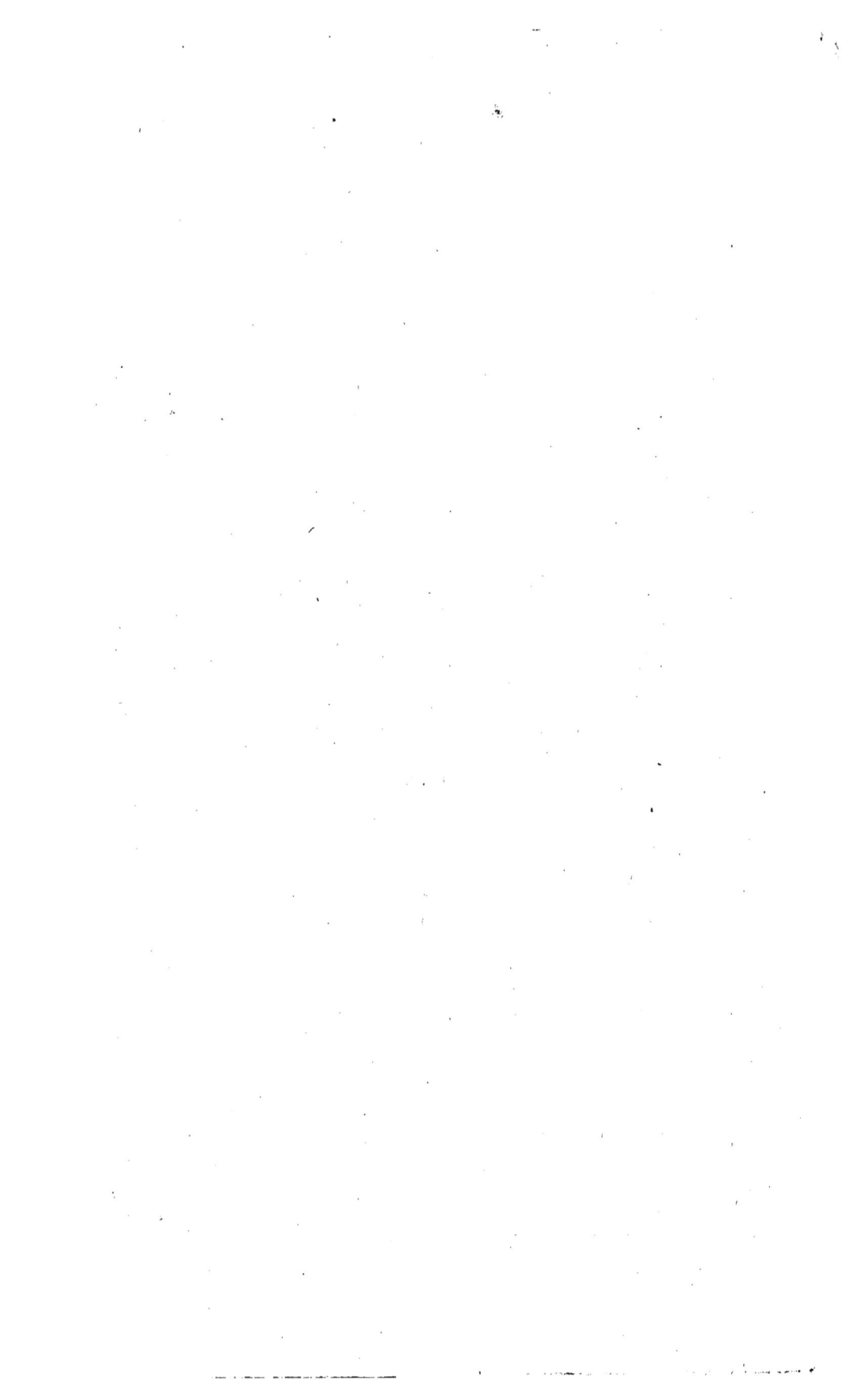

XV

Dans le *Mémorial de Sainte-Hélène* l'empereur Napoléon a dit :

« J'ai pu partager l'Empire turc avec la
Russie ; il en a été plus d'une fois question
entre nous : Constantinople l'a toujours sauvé.
Cette capitale était le grand embarras, la vraie
pierre d'achoppement. La Russie la voulait, je
ne devais pas l'accorder : c'est une clef trop

précieuse ; elle vaut à elle seule un empire : celui qui la possédera peut gouverner le monde. »

M. O'Méara (*Napoléon en exil ou l'Echo de Sainte-Hélène*) rapporte comme prononcées par l'Empereur les paroles suivantes :

« Dans quelques années , la Russie aura Constantinople, la plus grande partie de la Turquie et toute la Grèce. *Cela me paraît aussi certain que si la chose eût déjà eu lieu.* Presque toutes les cajoleries d'Alexandre à mon égard avaient pour but de me faire consentir à effectuer ce projet. Je m'y opposai, prévoyant que l'équilibre de l'Europe serait détruit. *D'après le cours naturel des choses,* (1) dans quelques années la Turquie tombera au pouvoir de la

(1) La France peut regarder, sans inquiétude pour elle-même, les agrandissements de la Russie. L'usage est de déclamer contre l'ambition de cette puissance; sa fortune rapide et colossale offusque. Prêcher la modération et taxer toute acquisition d'illicite, tel est le rôle des peuples qui ont une fortune patrimoniale limitée à l'égard du par-

Russie. LA PLUS GRANDE PARTIE DE SA POPULA-
TION EST GRECQUE , ET L'ON PEUT DIRE QUE LES
GRECS SONT RUSSES. »

venu qui menace de les éclabousser. Il semble pourtant
que, tout en faisant la large part du machiavélisme et de
la violence, il soit possible d'admirer sans frémir les
magnifiques résultats auxquels a tendu la politique russe.

L'Europe occidentale doit-elle être jalouse des progrès
d'une nation qu'elle a dotée comme une fille de tous ses
arts, et, pour être exempte d'envie, n'a-t-elle pas elle-
même un héritage de gloire qui s'accroît tous les jours?

Si vieux que soit le vieux monde, avant que la Russie
se fût levée du sein de ses steppes, la région immense,
où s'accouplent l'Asie et l'Europe, ne témoignait de sa
vie que par d'inépuisables enfantements de populations ;
elle semblait en perpétuelle gésine. De là s'élança maintes
fois la barbarie pour exécuter, avec un aveugle instinct,
les arrêts d'un destin supérieur contre des destinées cor-
rompues.

.... A cette Russie enfermée sur un immense plateau
froid et rigoureux, il lui fallait son nouveau monde.
Pour elle, le nouveau monde fut l'Orient. L'Orient était
comme la base chaude, féconde, parfumée de sa gigantesque montagne au corps de neige, à la tête de glace ;
aux zônes sévères qu'elle occupait, elle voulut rattacher
une zône plus riante et plus douce. Le cours même de
ses fleuves l'y entraîna, et, plus irrésistiblement que ses

A Dieu ne plaise que nous voulions amoin-
drir la portée des paroles de l'Empereur. Non
seulement nous croyons *qu'il voyait dans l'a-*

fleuves, l'instinct de ses populations, la pensée de ses
czars et de ses czarines, sa vie tout entière. Elle marcha
dans cette voie comme un seul homme. C'était un géant
qui voulait se mouvoir et respirer à l'aise. Deux mers,
interposées entre le nord et le midi, coupant de leur
mobile surface les Alpes de cette contrée, le Balcan et le
Caucase, trahirent le midi et le livrèrent au nord. La
mer Noire et la Caspienne furent comme une éclatante
dilatation de sa puissance accrue et comprimée, un épa-
nouissement immense de la force. Par ces deux mers, la
Russie entre en communication avec la Méditerranée, en
même temps qu'elle est sollicitée vers le golfe Persique :
la région du Caucase, placée comme un isthme entre ces
deux masses d'eau, la péninsule grecque s'allongeant
entre l'une des deux, l'Adriatique et la mer de l'Archipel,
sont pour l'empire des bases solides, des liens immobiles
de sa puissance avec la Perse, l'Anatolie et la Grèce.

Enfin, Constantinople, où l'Europe et l'Asie se rappro-
chent comme les deux pointes d'un croissant, Constantinople, la Carthage de cette Rome du Nord, à laquelle
elle assure une part de l'empire de la Méditerranée, et
offre le siége magnifique d'une vaste domination, Constantinople l'appelle. Pour la Russie, plus de milieu : la
mer Noire lui est un piége si elle ne lui donne un trône.
La vieille Grèce, dit-on, remonta périlleusement le

venir plus loin que les autres, comme il le dit
lui-même, mais jamais un homme n'a porté sur
l'état de l'Europe et sur son avenir un jugement plus droit que le sien, et ce qu'il dit des
destinées de la Russie en fait évidemment foi.
Mais nous n'en sommes pas moins convaincus
que Napoléon eût apprécié différemment les
dangers dont l'agrandissement de la Russie
pouvait un jour dans sa pensée menacer l'Europe, s'il avait connu le développement de la

Bosphore pour aller quérir, dans un coin du Pont-Euxin.
la Toison-d'Or. Pour la trouver, la Russie doit descendre
du Pont-Euxin au Bosphore. . . . . . , ...
. . . .
N'est-ce donc là , comme on le répète si souvent, que le
labeur contristant d'un mauvais génie, et pour l'Europe
qui l'arma, l'encouragea et ne l'arrêta point dans la carrière, qu'un sujet de repentir ? Ne doit-elle pas plutôt se
réjouir d'avoir rencontré, lorsqu'une autre tâche la ré-
clamait, une suppléante rigoureuse de sa vétérance?
Après avoir fait pour la Russie ce que la Grèce fit pour
Rome, craindrait-elle pour elle-même le sort de la
Grèce? E. BARBAULT, *Occident et Orient*, p. 222 et suiv.

vapeur et nos chemins de fer. Le grand homme
n'eût pas non plus méconnu le rôle de la Russie en présence de l'anarchie sociale dont nous
sommes menacés, et il eût vu dans une alliance
entre la France et la Russie un gage de salut
pour la société.

L'Empereur l'a dit : D'APRÈS LE COURS NATU-
REL DES CHOSES, *dans quelques années la Turquie tombera au pouvoir de la Russie.*

Ces paroles prophétiques devraient servir de
point de départ à tous les hommes d'Etat qui
s'occupent d'une solution de la question d'O-
rient.

Ce *cours naturel des choses* que nous a-t-il
déjà amené? M. de Berryer nous le dira (1) :
« Maintenir la stabilité et l'indépendance de
l'empire ottoman! Mais il y a quinze ans que je
l'entends dire ; mais la France et l'Angleterre
n'ont pas tenu un autre langage ; mais tous

(1) Discours à la Chambre des Députés 2 juillet 1832.

les actes diplomatiques, tous les traités ont
sans cesse renfermé des articles stipulant qu'il
s'agissait, pour les nobles Etats contractants,
de maintenir et de garantir la stabilité et l'indépendance de l'Empire ottoman, d'empêcher
qu'aucune puissance ne tirât des conséquences
du traité, des moyens d'influence particulière.
Et qu'en est-il résulté? C'est que de chacune
des négociations diplomatiques, c'est que de
chacun des traités, il est résulté un affaiblisse-
ment, un démembrement de l'Empire ottoman;
et avec ces garanties données solennellement
depuis quinze ans, au nom des cabinets qui
sont dans la politique de conservation, qui
consiste à faire de la Turquie une barrière
contre l'Orient, on n'a pas fait autre chose que
de consacrer, de cimenter les actes successifs
qui ont décomposé, demantelé, affaibli et conduit presque à la mort l'Empire ottoman. »

Ces paroles, qui n'ont rien perdu de leur vé-

rité d'alors, que démontrent-elles, sinon que
toute opposition *au cours naturel des choses*
est vaine, et que les événements nécessaires de
l'histoire des peuples vous débordent si vous
ne cherchez pas à leur creuser un lit.

L'alliance franco-anglaise pourra entraver
par des sacrifices incalculables *les destinées* de
la Russie, mais jamais en arrêter le cours.

Nous sommes du reste bien aveugles sur tout
ce qui concerne le besoin d'expansion, légitime
après tout, de la Russie, aussi légitime que le
besoin d'expansion qui nous ferait étendre
sérieusement notre conquête africaine. Tandis
que nous sommes parfaitement indifférents à
l'endroit du développement des Etats-Unis, aux
éléments démagogiques dissolvants, nous
craignons le moindre empiètement, comme
nous l'appelons, d'une puissance dont les intérêts sont les nôtres, depuis son entrée dans le
concert européen, et dont la force est une des

Garanties les plus indispensables à la conservation de la société.

Mais que parlons-nous d'indifférence à l'é-
gard du développement de l'Amérique ? Pendant que nous sommes ligués contre l'expansion russe avec l'Angleterre, cette dernière est
à la veille d'étendre son empire dans l'Inde de
quelques milliers de lieues carrées de plus !

Non, ce n'est pas la Russie qui menace l'équilibre du monde, c'est l'Angleterre, et ce serait
nous suicider que d'épuiser dans une lutte
stérile les ressources indispensables à ce développement qui nous mettront au pas avec le
colosse britannique qui nous menace d'un danger réel, tandis que la Russie ne présente pour
la France dans son développement, qu'un danger imaginaire.

Nous avons tout intérêt à nous entendre
avec la Russie sur la possession de la Méditerranée. L'Angleterre n'est-elle pas à Gibraltar,

à Malte, à Corfou, à Alexandrie? Et nous l'aiderions à tenir en échec à Constantinople une alliée naturelle?

XVI

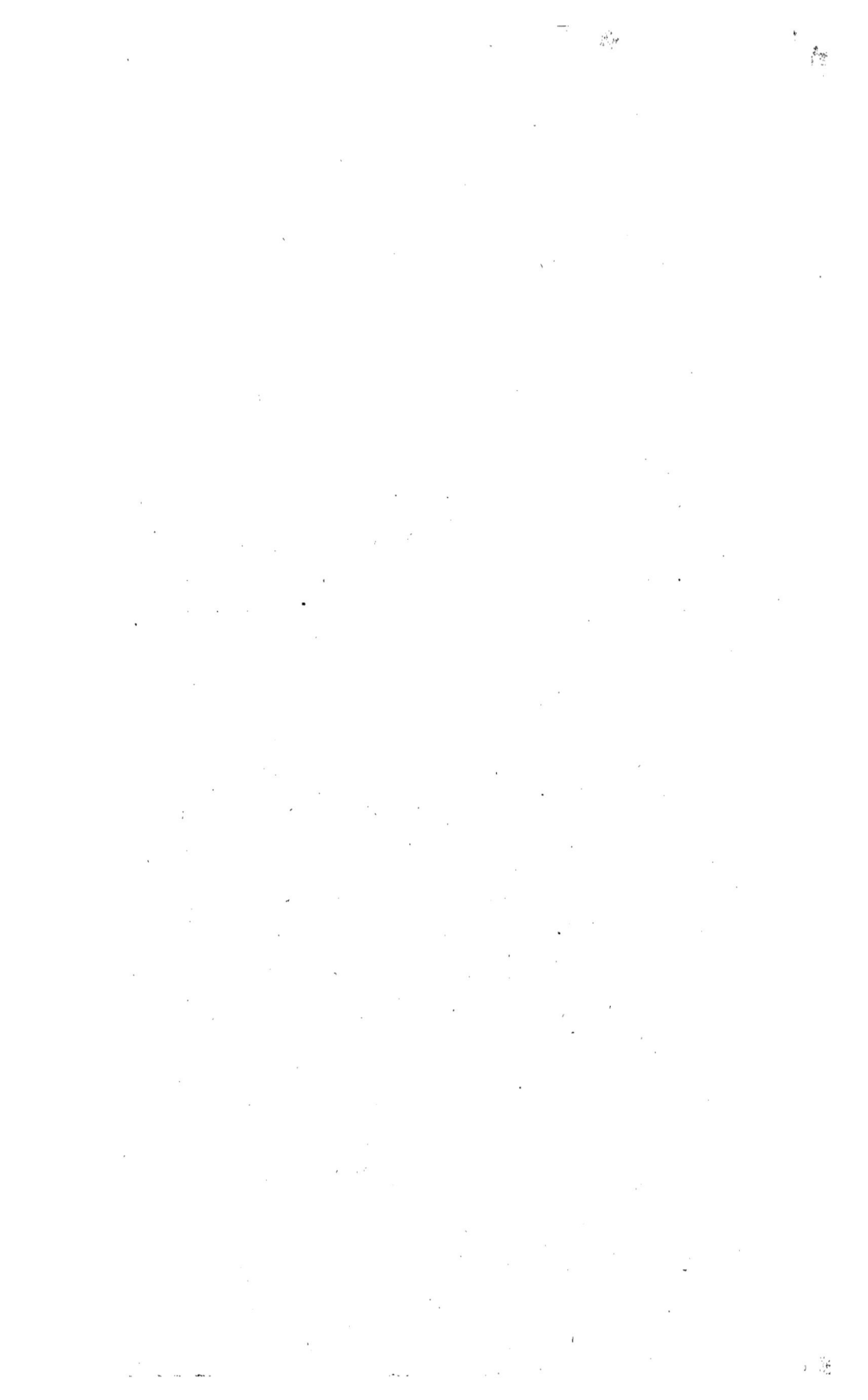

XVI

Hâtons-nous de le dire, car nous craignons qu'on ne se méprenne sur nos intentions. Nous ne concluons pas à l'abandon de Constantinople à la Russie. Ce que nous voulons avant tout constater, c'est que la question d'Orient est une question franco-russe et non pas anglo-française; et, à ce point de vue, nous ne considérerions pas comme impossible ni même

comme improbable la création d'un empire
grec issue d'une alliance dynastique entre les
familles illustres des Romanow et des Bonaparte, et basée sur la conscience d'intérêts
communs dont les deux nations française et
russe ne tarderaient pas de se pénétrer ; mais,
encore une fois, c'est là une question réservée.
Le premier point, c'est que la France apprécie
la fausseté de sa position comme alliée de l'Angleterre, qu'elle reconnaisse à la Russie son
rôle comme cette dernière apprécie le sien, et
que les deux puissances concourent dans un
intérêt commun vers un même but : l'équilibre
du monde et le salut de la société.

Nous sommes injustes envers la Russie
comme nous l'avons été longtemps envers l'Allemagne, dont nous n'avons appris que fort
récemment à reconnaître les qualités.

L'auteur allemand, dont nous avons cité
plus haut les tristes révélations, le néo-hégelien

Ewerbeck, parlant de l'apparition des Allemands sur la scène de l'histoire dit (1) :

« Les Allemands étaient, pour ainsi dire,
un peuple jeune et récent, quand ils firent enfin
leur apparition sur la grande scène de l'Europe,
pour participer au *développement universel*.
Ils crurent nécessaire, dans le début de leur
carrière nouvelle, de copier tant bien que mal
l'exemple des Romains leurs prédécesseurs.
Sept siècles, remplis sans relâche de travaux
gigantesques, avaient donné à ceux-ci une
grandeur vraiment inexplicable, et le nom de
Romain était devenu presque l'égal de celui
des dieux. »

Substituons le nom de Russe à celui d'Allemand dans ce qui précède, et n'avons-nous pas
en résumé l'histoire du peuple russe ? Or, de
quel droit l'Allemagne et de quel droit nous-

(1) L'Allemagne et les Allemands, p. 34.

13

mêmes, car notre histoire est celle d'Allemagne,
contesterions-nous à la Russie sa place légitime,
celle qui lui est assignée par la Providence
même?

XVII

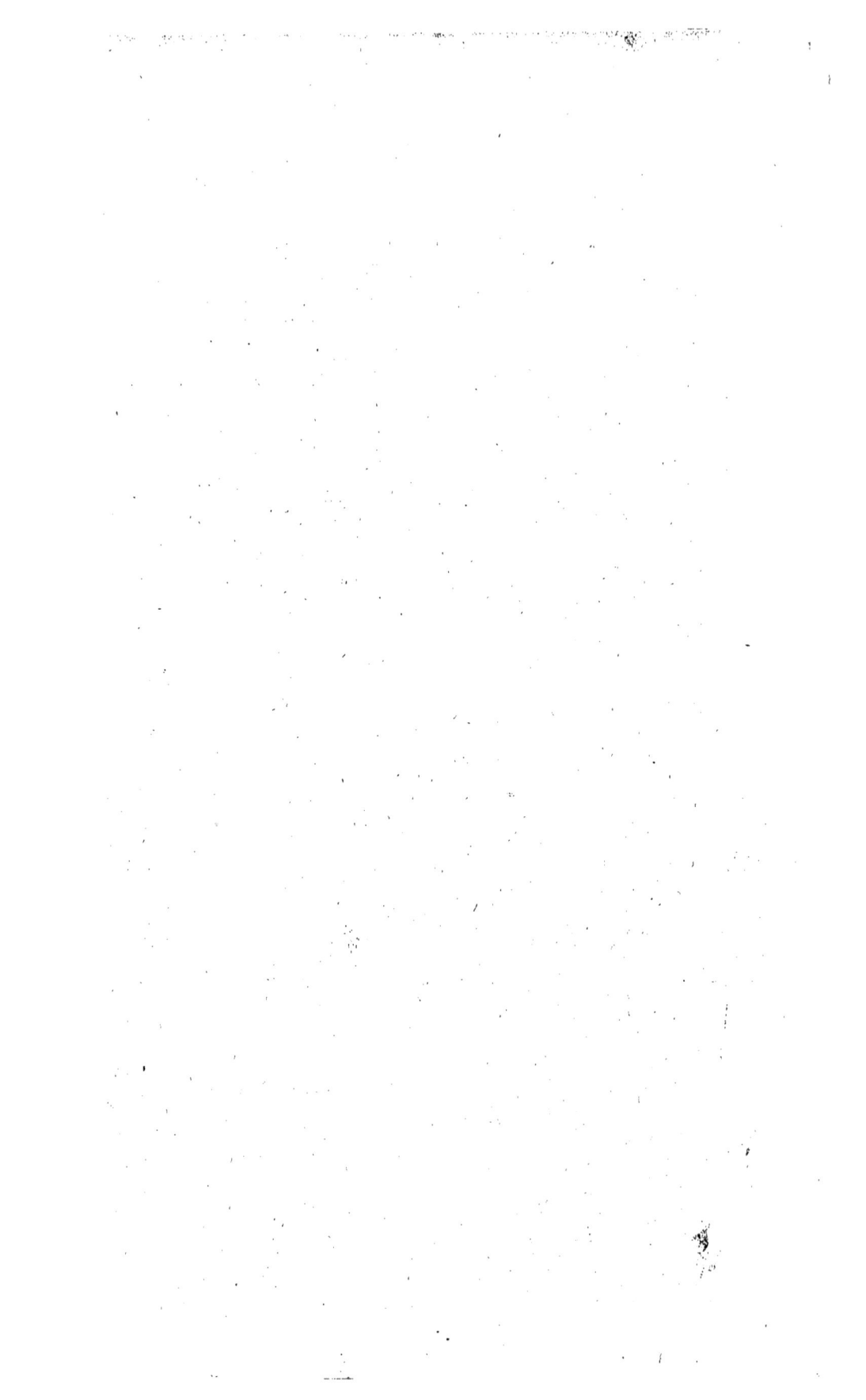

XVII

La démagogie, comprenant fort bien que la Russie est le boulevart de la société, la démagogie a été on ne peut plus active à propager sur la Russie les données les plus absurdes. Elle a prétendu que le colosse du Nord nous menaçait d'une nouvelle invasion des Barbares.

En analysant la situation avec impartialité, on est tout étonné de découvrir que c'est la Russie seule qui peut nous préserver d'une pareille invasion.

Pour le comprendre, il importe avant tout de nous rappeler l'invasion de l'empire romain par les Barbares. Laissons encore à l'Allemand Ewerbeck (1) le soin de nous en retracer le tableau.

« Nous allons enfin assister au terrible déluge de Barbares dont nous n'avons vu jusqu'ici que le prélude. Les peuplades germaniques vont se lancer les unes sur les autres, comme les flots de l'Océan qui, venant sans relâche battre avec un bruit sinistre le pied des rochers, finissent par ébranler la gigantesque masse. Les barbares allemands vont enfin entamer ces fortifications immenses, élevées par tant de géné-

_____

(1) L'Allemagne et les Allemands, p. 41.

raux et d'empereurs, sur les bords du Rhin et
le Danube pour protéger l'empire : le monde
romain, sapé depuis longtemps, sera mis en
brèche et renversé de tous côtés. »

« *La secousse principale partira du fond de
l'extrême Orient.* »

« LES ARMÉES DE LA CHINE VENAIENT DE RE-
POUSSER VICTORIEUSEMENT LES TRIBUS MONGOLES
QUI, APRÈS LA CHUTE DE LA DYNASTIE IMPÉRIALE,
MENAÇAIENT CHAQUE JOUR L'INDÉPENDANCE DE
L'EMPIRE. Alors ces barbares de l'Asie centrale
se rejettent avec violence sur les nations occi-
dentales, on commençant par la confédération
des Goths, aux bords de la mer Noire, qui était
partagée en Visigoths (c'est-à-dire ceux de
l'ouest), et en Ostrogoths (c'est-à-dire ceux de
l'est).

« Les Huns, composés d'un grand nombre
de tribus et de nomades quittant leurs immenses déserts, la Sibérie et la Tartarie, livre-

ront assaut à l'Europe. L'heure décisive vient
de sonner.

« Les Goths de l'est, exposés au premier
choc, ne sont point secourus par leurs frères
les Goths de l'ouest. Les uns comme les autres
sont expulsés par les Huns après quelques batailles sanglantes ; une petite partie des Goths
s'allie au roi vainqueur, qui épouse la veuve
du chef Goth. Mais la majorité des Goths, qui
était chrétienne, marche vers l'ouest pour se
mettre en sûreté dans l'empire chrétien. »

Si nous portons maintenant les regards sur
ce qui se passe en Chine ; si nous envisageons
d'autre part l'état des Indes anglaises, où un
peuple civilisé mais égoïste ne se préoccupe
que de régner en maître absolu, sans s'inquiéter
soit de la propagation du christianisme, soit de
la civilisation, ne voit-on pas que c'est de là que
partirait une nouvelle invasion de barbares si
la Russie n'opposait pas une barrière à ce fleuve

auquel elle creuserait un lit en assumant la mission de civiliser l'Orient?

Qui nous dit que les Russes ne seraient pas quelque jour, peut-être prochain, « les Goths de l'Est exposés au premier choc, qui ne seraient point secourus par leurs frères les Goths de l'Ouest? » Et ces Goths de l'Ouest ne les représentons-nous pas? Nous qui non seulement ne secourrions pas les Russes contre une invasion « partie de l'extrême orient, » mais qui voulons l'entraver dans ses efforts pour opposer une barrière à cette barbarie qui nous menace, et sur les entreprises de laquelle nous fermons si légèrement les yeux.

La Russie comprend si bien son rôle sous ce rapport, que nous la voyons depuis longtemps se tenir à l'écart des affaires de l'Europe, nous l'avons dit, pour tourner les yeux vers l'Asie, et nul doute que le czar voit avec joie la France revenir à des idées de discipline qui lui

permettent de se tranquilliser sur le sort à venir
de l'Europe, et à vouer toute son attention à la
mission orientale à laquelle sa dynastie semble
évidemment appelée par la Providence.

XVIII

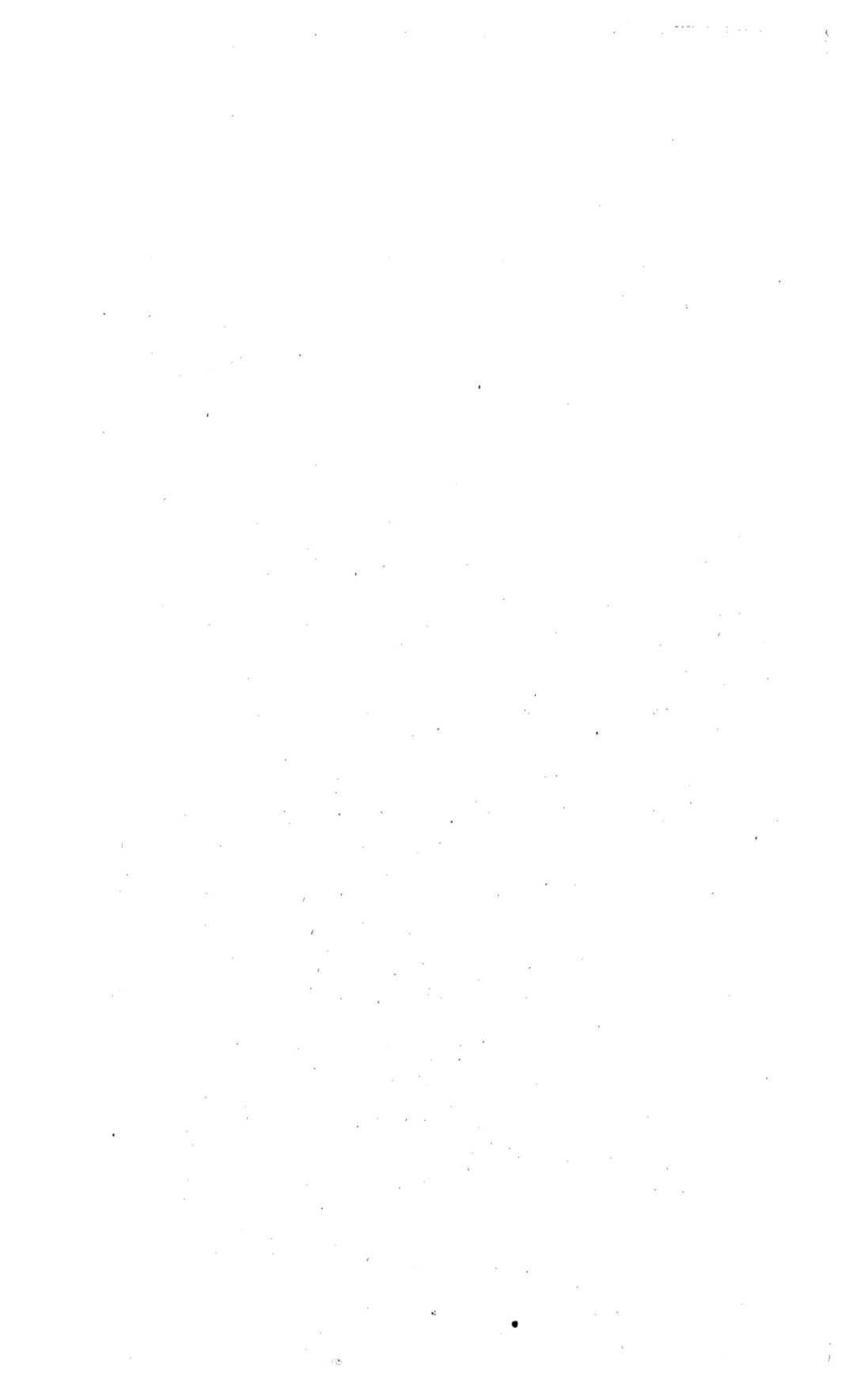

XVIII

Ce ne sont pas les démagogues seulement qui calomnient la Russie. Il est des partis naufragés qui tournent les yeux vers Saint-Pétersbourg comme vers un asile assuré, et un protecteur fidèle de toutes les prétentions surannées, de tous les systèmes caducs, de toutes les théories usées, et cela malgré les démentis que l'histoire des vingt-trois dernières années leur donne sous ce rapport.

Ainsi, on voudrait nous faire croire que la fusion a été tenue sur les fonts baptismaux par la Russie, et les journaux de la fusion prennent des allures d'entente cordiale, pour eux et leurs patrons, avec le cabinet de Saint-Pétersbourg.

Nous n'avons sûrement pas la prétention de connaître les intentions du czar, mais si nous jugeons ce prince d'après ses antécédents, nous ne pensons pas que ses sympathies soient acquises à des cadavres qu'on tenterait vainement de galvaniser.

Le czar sait fort bien que le retour à l'ordre en France n'est pas nécessairement subordonné au retour des Bourbons reconciliés avec la branche cadette. Il connaît mieux que personne la faiblesse, l'impuissance, de partis qui placent les grands intérêts de l'ordre et de la civilisation au-dessous des leurs propres, et il ne s'est montré que très médiocrement touché des hommages intéressés qu'on lui rendait.

Combien serait-il naturel par contre qu'il envisageât avec une vive sympathie l'avénement d'un homme dont la haute intelligence serait capable de concevoir, dont l'activité suivie serait capable de réaliser de vastes projets! Non, le czar n'ignore pas l'état de prostration des dynasties européennes, et il se féliciterait sûrement de mettre un peu d'ordre dans cette machine universelle déjà si fortement compromise en unissant ses efforts à ceux d'un homme que n'intimident ni clameurs, ni menaces, et qui a prouvé qu'il comprend les intérêts de la société et de la civilisation.

XIX

XIX

Quel rôle immense n'assurerait pas à l'empire français une alliance russe ! Sans fermer le *Mémorial de Sainte-Hélène*, sans déchirer une seule de ses pages, Napoléon III, envisageant la question de l'Orient du point de vue

nouveau que lui assignent les chemins de fer
et les navires à vapeur, s'allierait pour la résoudre, à la seule puissance qui y apporte les
mêmes intérêts que la France.

Dictant au monde des conditions honorables
de paix, la Russie et la France chercheraient
ailleurs que dans une guerre aussi désastreuse
qu'inutile, un champ digne de leur activité. A
l'une l'Asie, avec ses peuplades barbares à civiliser, avec la rivalité de l'Angleterre à contenir dans de justes limites. A l'autre, la terre
africaine, héritage magnifique de l'empire romain. L'anarchie à vaincre ou à contenir par
l'autorité de l'exemple ou par une crainte salu-
taire dans tout le Midi de l'Europe, l'Allemagne à préserver d'une dissolution imminente,
voilà assurément deux rôles qui valent bien
quelques sages concessions d'une part, et de
l'autre l'abandon d'une alliance hypocrite.

Byzance chrétienne sortant de sa cendre ré-

générée comme le phénix, reverrait la croix
triomphante au sommet de Sainte-Sophie, sous
l'égide de l'aigle française unie à l'aigle russe(1).
Byzance ouvrirait son port à toutes les nations
de l'univers, malgré la jalouse Angleterre, qui
voudrait associer la France au rôle de geôlier

(1) A ces immenses changements (en Orient) se lieront
ceux que les événements préparent dans la situation de
l'Europe occidentale. La Prusse et la Bavière, centre
d'attraction de l'Allemagne du nord et de l'Allemagne
méridionale, suivront le cours de leurs destinées ascen-
dantes. La France combinera l'intérêt de sa sécurité avec
l'intérêt permanent de l'Europe ; elle maintiendra ou
sacrifiera des combinaisons qui ne peuvent conquérir un
caractère définitif qu'autant qu'elles acquereraient la
sanction de l'expérience et du temps. Si l'état territorial
de l'Europe est altéré, elle n'oubliera pas que des cinq
grandes puissances, elle est la seule qui n'ait pas accru
ses possessions depuis le xviiie siècle, *si ce n'est de cette*
conquête africaine, dont la haute importance, si mal appré-
ciée dans les débats parlementaires, se rattache à l'ordre en-
tier de faits nouveaux qui naîtront du prochain contact de
l'Europe avec l'Asie. DE CARNÉ. *Intérêts nouveaux,* etc.,
t. 2, p. 392.

qu'elle persiste à jouer à l'égard des nations
qui lui portent ombrage, et qui sème le trouble
et l'anarchie partout où elle ne peut dominer
par la force brutale.

A Dieu ne plaise que nous émettions autre
chose que des vœux, lorsqu'il s'agit d'une solution de la question d'Orient ; mais de quelque
côté qu'on l'envisage, il nous paraît impossible
d'arriver à rien de durable en dehors d'une alliance, ou du moins d'une entente cordiale
franco-russe.

En dehors d'une pareille alliance, nous ne
rencontrerons que des replâtrages dangereux
ou des extrêmes qui aboutiront infailliblement
à une guerre générale, dans laquelle les natio-
nalités déchaînées offriront à la démagogie l'occasion de réaliser des idées au bout de laquelle
se trouvera une barbarie cent fois plus redoutable que celle dont nous menacent les apôtres
de la démagogie : une invasion russe. Fantôme,

nous l'avons vu, au moyen duquel on a réussi à effrayer les hommes les mieux intentionnés et les plus clairvoyants.

FIN

3166   Imp. Maulde et Renou, rue de Rivoli, 114.

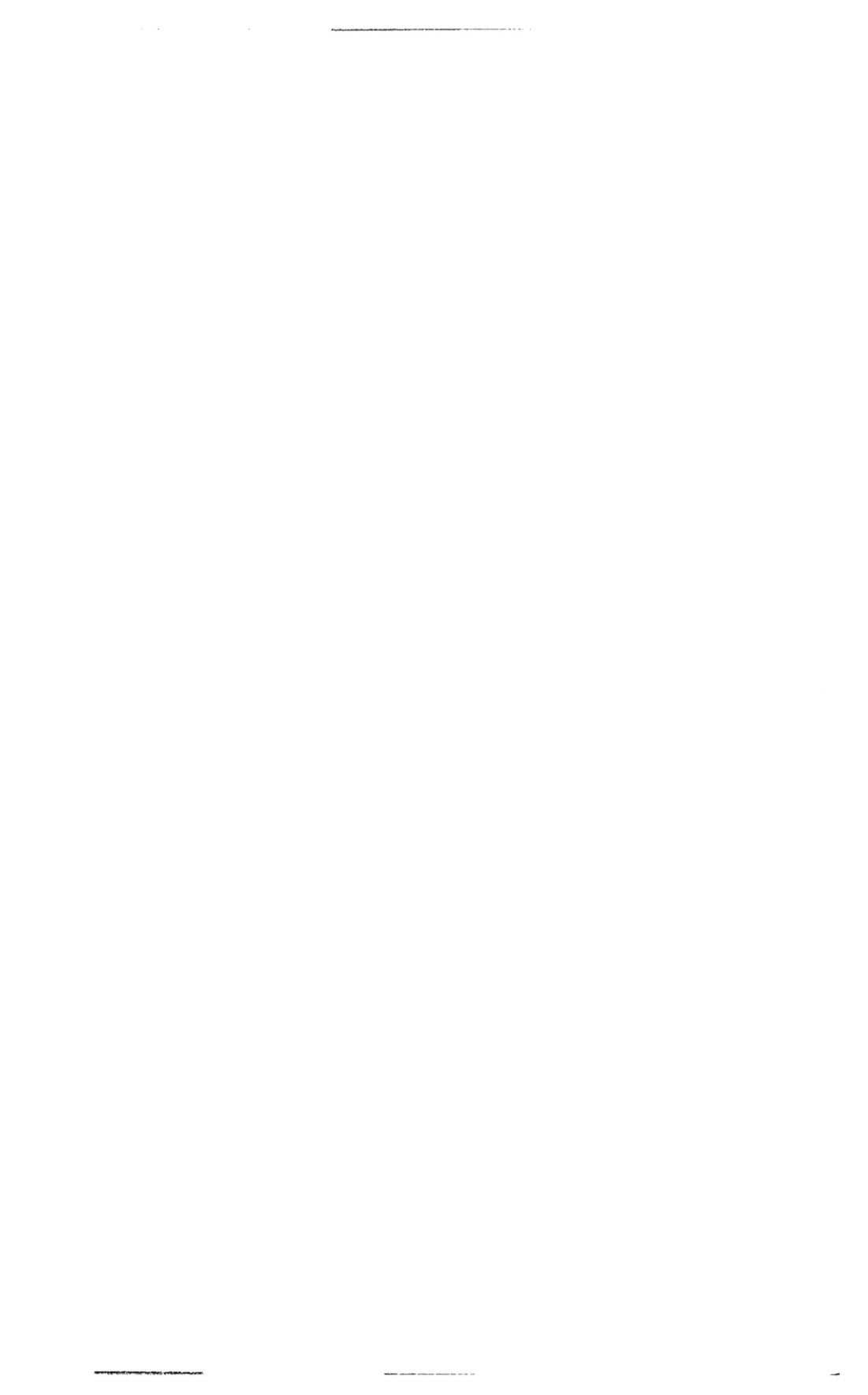